すっきりわかる！歴史認識の争点Q&A

歴史教育者協議会編
History Educationalist Conference

大月書店

はじめに

いま、歴史認識をめぐる問題がふたたび大きな関心を呼んでいます。安倍晋三首相をはじめとする政治家の歴史認識は、中国や韓国といった近隣国だけでなく、欧州や国際的な人権団体からも反発をよび、アメリカでさえ懸念を表明するほどになっています。

保守政治家の歴史認識が国内・国外で問題になることは、いまに始まったことではありません。戦後を通じて、保守勢力の政治家たちから、日本の過去の戦争責任を否定したり、矮小化したりする発言が、何度も発信されてきました。一九八〇年代以降は、政治家の発言や行動がメディアでもとりあげられ、外交問題化するようになりました。「失言」によって辞任に至った閣僚も少なくありません。なかでも、こうした「失言」が閣僚から立て続けに出てきたのは、一九九四年から九五年にかけての村山内閣の時期です。この時期は、衆議院の「戦後五〇年決議」や「村山談話」と重なり、この談話に対する反発が自民党内で吹き出します。九六年には、自民党の「明るい日本」国会議員連盟が「慰安婦は商行為に参加した人たちで、強制はなかった」とし、高校や中学校の教科書記述を批判します。これに呼応するように「新しい歴史教科書をつくる会」が設立され、教科書の慰安婦記述などを攻撃するようになりました。その後二〇年をかけて、こうした主張がメディアやネット上でも定着し、南京虐殺否定論、沖縄戦での「集団自決」は強制ではなかったとする論など、さまざまに展開してきました。また、入学式や卒業式で日の丸の掲揚や君が代の斉唱を強要し、従わない教師を処分する流れなども並行してすすみました。

一連の主張のもとにあるのは、アジア太平洋戦争を「やむをえなかった」自衛戦争、あるいはアジア解放の戦争と位置づけ、日本軍の行為を肯定する歴史認識です。

とりわけ、こうした歴史観を強く主張し、メディアや教科書への介入を主導してきた安倍晋三氏が首相になると、みずからと同じ見解をもつ人物を要職につけ、さまざまな場でいびつな歴史観が大手をふるって表明されるようになりました。閣僚による靖国神社参拝や侵略正当化の発言が相次ぎ、橋下徹大阪市長や籾井《もみい》勝人ＮＨＫ会長の「慰安婦」を正当化する発言も内外の批判を浴びました。さらに安倍内閣は「村山談話」や「河野談話」の見直しまで示唆しています。

こうした発言は当然、中国・韓国をはじめ国内外の反発をよびました。しかし、日本のメディアは歴史の事実よりも、「反日」運動といった見方ばかりを大きくとりあげることで、かえってナショナリズムをあおる結果を生み出しています。こうした動きは、街頭で「朝鮮人を殺せ」などとヘイトスピーチをくりかえす「在特会」などの排外主義運動の支えになっています。

日本の戦争がすべて正しかったとまでは思わなくても、「中国や韓国は自国のために歴史問題を利用している」とか、「『慰安婦』のなかには金ほしさで志願した人もいた」といった主張を聞くと、「そうかもしれない」と思ってしまう人もいるでしょう。しかし、事実を検証していけば、瑣末《さまつ》な点をとらえて日本のおこなった侵略行為や植民地支配の全体を「なかったこと」にできるはずがないことは明らかです。

このような、事実を歪曲《わいきょく》する歴史認識を生んだのは、日本が戦争責任をあいまいにしてきたことと無関係ではありません。歴史に目を閉ざすのではなく、日本の負の歴史と向きあい、事実によって確かめることが大切です。現在を生きる私たちは、歴史から学び、ふたたび過《あやま》ちをくりかえしてはなりません。

「教育改革」の名のもとに、教科書から記述の自由が奪われ、時の政府の歴史観が押しつけられようとしているなかで、とりわけ、子どもたちに確かな歴史認識を育てる学校と教員の役割が重要になってきます。事実にもとづいた歴史を共有し、民主的な社会を担う主権者としての常識を回復していく必要があります。

本書は、歴史認識をめぐるもっとも典型的な論点について、二〇のQ&Aのかたちでまとめました。時系列順に読むことで、日本の近代史の概略を知ると同時に、コラムや資料もあわせて読んでいただくことで、基本的な事実を確認できるように編集しています。事実にもとづく正確な歴史認識とはどういうものかを判断していただくために、それぞれの学校・地域・職場で、本書を活用していただきたいと思います。また、そのことを通してアジア、世界の人びととの対話がいっそうすすむことを、私たちは願っています。

二〇一四年五月

編集委員　石山久男　大野一夫

もくじ

コラム

資料編

［凡例］

本文中の歴史的資料については、読みやすさを考慮して基本的に新字体・現代仮名づかいに改め、一部は片仮名を平仮名に改めるなどしました。

すっきり！わかる　歴史認識の争点Q＆A

Q1 「侵略の定義は学界的にも国際的にも定まっていない」?

安倍首相の「侵略の定義」についての発言

二〇一三年四月下旬から、安倍晋三首相は歴史認識にかかわる一連の行動と発言をおこないました。二一日には、靖国神社に真榊《まさかき》を奉納しました。二二日には参議院予算委員会で、一九九五年以後の歴代首相が政府の公式見解としてきた、戦後五〇年にあたっての村山富市首相談話（**↓巻末資料4**）を、そのまま継承しているわけではないと発言しました。

続いて二三日には、同委員会で自民党・丸山和也議員が村山談話をとりあげ、その文言が何をさしているのかがあいまいで、歴史的価値がまったくないと思うがどうかと質問したのに対し、「あいまいと言ってもいい」と述べた上で「特に侵略という定義については、学界的にも国際的にも定まっていない」と答弁しました（**↓巻末資料3**）。この安倍首相の発言の意図は、「侵略」の定義は定まっていないのだから、日本が近代におこなった戦争や朝鮮・台湾などに対する支配も「侵略」とはっきり定義することはできない、だから日本がアジア諸国を侵略したとはいえない、と結論づけたいというところにあるのでしょう。

しかし、もしそれが安倍政権の公式見解だということになると、いままで政府の公式見解となっていた村山談話と相反することになります。村山談話は「わが国は、遠くない過去の一時期、国策を誤り、戦争への道を歩んで国民を存亡の危機に陥れ、植民地支配と侵略によって、多くの国々、とりわけアジア諸国の人々に対して多大の損害と苦痛を与えました」と述べて、戦後の日本政府としてははじめて、日本がおこなった行為が「植民地支配と侵略」だったという認識を示したのです。

ところが安倍首相は、その後の国会質疑のなかで、「植民地支配と侵略」という村山談話の核心を引き継ぐのかと問われても、引き継ぐとは明言せず、四月二三日の発言についても撤回していません。安倍首相が、村山談話以後の政府見解を事実上否定しようと考えていることがわかりますが、その根拠とした「侵略の定義は学界的にも国際的にも定まっていない」という言説は、正しいのでしょうか。

「侵略の定義」は国際的に定まっていないのか?

第一次大戦後の一九二〇年に成立した国際連盟規約第一〇条は、各国の領土保全と政治的独立を尊重し、これを外部の侵略に対して擁護《ようご》すると定めていますから、「他国の領土や独立を侵すこと」を侵略としていることがわかります。その後一九三四年に、ソ連とその周辺にある国々のあいだで「侵略の定義に関する条約」が発効し、その第二条で、次の行為を最初におこなった国は侵略国と認められるとして、より具体的に定義しています。①他国への開戦の宣言、②兵力による他国の領域への侵入、③他国の領域・船舶・航空機への軍による攻撃、④他国の沿岸・港の海上封鎖。こうした経過をふまえ、米英中三国が一九四三年に出した「カイロ宣言」は、「日本国の侵略を制止」することが戦争の目的だと宣言し、日本が他国から奪った領域を返還させるとしました。日本が四五年に受諾したポツダム宣言も、カイロ宣言の内容を引き継ぐとしていますから、国際社会の共通認識として、日本が他国の領土と独立を奪ったという事実が、まさに侵略であると定義されたことになります。

さらに一九七四年に国際連合総会で採択された「侵略の定義決議」は、第一条で「侵略とは、国家による他国家の主権、領土保全若《も》しくは政治的独立に対する……武力の行使」と定義しました。さらに第三条で、①国家の軍隊による他国の領土への侵入・攻撃・砲爆撃・占領、②国家の軍隊による他国の港・沿岸の封鎖、③国家の軍隊による他国の軍隊への攻撃などを、侵略行為として具体的に定義しています。

このように、侵略の定義は国際的に定まっているのです。安倍首相はそれを無視して堂々と虚偽の発言をしたのです。

「侵略の定義」は学界でも定まっていないのか?

実は、第一次安倍内閣のとき（二〇〇六年）に、日中歴史共同研究をおこなうことが合意され、両国各一〇名の委員を選んで研究が開始されました。二〇一〇年一月に戦後史部分をのぞき公表された報告書は、各時期ごとに日中関係を軸にしたテーマを設定し、各テーマについて、日中の研究者がそれぞれ執筆した論文を併載しています。

日中戦争をあつかう近現代史第二部第二章のタイトルは、日本側の論文が「日中戦争――日本軍の侵略と中国の抗戦」、中国側の論文が「日本の中国に対する全面的侵略戦争と中国の全面的抗日戦争」となっています。表現には違いがありますが、どちらも日本または日本軍の「侵略」としている点は共通しています。この章のなかで、平頂山事件、南京虐殺事件、重慶爆撃、三光作戦、強制連行などの具体的史実について、日中双方とも、かなり詳しく記述しています。

日本側委員の人選は政府主導ですすめられたので、座長の北岡伸一氏をはじめ、政府の立場に近い研究者が多数をしめていましたが、それでも日中戦争を中国への侵略と見る点では、一致していました。学界で侵略の定義が定まっていないとか、侵略と見るかどうかで意見が大きく分かれているなどという事実はないのです。安倍首相は、自分が主導して始めた日中歴史共同研究の成果がどういうものだったのか、忘れてしまったのでしょうか。

侵略の事実の否定は何を意味するか

安倍首相のこのような姿勢には、とりわけ二〇一三年末の靖国神社参拝を機に、全世界からの強い批判と警戒が起こっています。それは安倍政権の姿勢が、日本の行為を侵略と定義して、その過《あやま》ちをくりかえすまいとした戦後世界の国際的土台、戦後世界の原点をすべて否定することになるからです。安倍政権が、このまま同じ態度をとりつづけるならば、日本は全世界を敵にまわし、国際的孤立におちいるのは避けられません。

ここで、戦後世界と日本のあゆみをふりかえってみましょう。日本は一九四五年に、日本の軍国主義の根絶と民主化を求めた連合国のポツダム宣言を受諾して戦争を終えました。その方向にそってつくられた新しい日本国憲法は、大多数の日本国民に歓迎され（↓**Q15**）、今日まで、十分とはいえないまでも、日本社会に定着してきました。日本国憲法に示された平和と人権・民主主義の原理の根底には、第二次大戦までの悲惨な体験をふまえた戦争と植民地支配とファシズムの根絶という願いがあり、それは戦勝国である連合国の民衆にも、日本など敗戦国の民衆にも、共通した願いでした。ですから、その原理は、今日だれも否定することのできない、戦後世界の基本原理となっているのです。

占領時代の残滓《ざんし》だからといって日本国憲法を葬《ほうむ》り去ろうとする安倍首相の思想は、戦後世界に生きる大多数の人々の、この共通の願いを全面否定し、戦後世界の基本原理に真っ向から挑戦するものです。麻生副総理によるナチス独裁を肯定する発言（↓**コラム3**）は、安倍政権全体の思想が、戦後世界のよって立つ基盤を全面否定するものだということを、ますます全世界に明らかにすることになりました。

戦後世界の基本原理を全面否定するためには、侵略戦争と植民地支配を反省するのではなく、それを正しい戦争、正しい支配として美化する必要があります。そのために安倍政権は、不十分さをもちながらも、日本がおこなった行為が「侵略」であり「植民地支配」であったことを認め、お詫《わ》びを表明した一九九五年の村山談話を、どうしても否定したいのです。

それだけではありません。一九八〇年代以後、曲がりなりにも教科書にアジアへの加害の事実を書くことを可能にした教科書検定基準の「近隣諸国条項」(**↓巻末資料2**)を廃止し、「慰安婦」への日本軍の関与を認めた九三年の河野官房長官談話(**↓巻末資料4**)を否定したいのです。けれども、それには諸外国からの批判があり、そう簡単にはできません。そこで、実質的に廃止・否定と同じような効果を生むように、教科書検定制度を変えて、教科書への統制を強めようとしています。

しかし、その先にあるのは、先に述べたように全世界からの孤立です。そんなことにならないよう、私たちは歴史をしっかり学び、諸外国の人々との対話を重ねていかなければならないでしょう。

(石山久男)

文献①　山田朗『日本は過去とどう向き合ってきたか』(高文研、二〇一三年)

Q2 「日清戦争は朝鮮の独立を守るための戦いだった」？

日清戦争（一八九四―九五年）は、「朝鮮を属国あつかいして介入を強め、支配下におこうとする清と、朝鮮の独立を守ろうとする日本との戦いだった」とか、「ロシアが朝鮮を支配すれば日本が危ないので、朝鮮を中立国にするために清と戦った」と主張する人がいます。史実に照らして、そういえるのでしょうか。

日清戦争の戦場はどこだったのか

日清戦争は、一八九四年七月二三日に、日本軍がソウルの朝鮮王宮を攻撃して占領し、国王を虜《とりこ》にしたときから始まります。日本の朝鮮に対する戦争として始まったのです。二日後には、朝鮮の豊島《プンド》沖で日本軍が清国艦隊を攻撃して日清間の戦争が始まりますが、一〇月下旬までの戦場は朝鮮半島で、その戦闘に勝利した日本軍が、それ以後中国領に攻め込み、旅順・大連・威海衛などを占領しました。朝鮮を主戦場に、日清両国が戦争したということ自体、朝鮮の支配権をめぐる戦争だったということを意味しているのではないでしょうか。

日清戦争前の東アジアの国際関係は

では、それまでの日本・朝鮮・中国は、どのような関係だったのでしょうか。従来、朝鮮国王は、清朝の皇帝から国の支配権を認められ（冊封《さくほう》）、藩属国《はんぞくこく》（藩は中華を守る垣根のこと）として、使者が定期的に貢ぎ物を持ってあいさつにゆく（朝貢）関係でした。この宗主国―藩属国の関係は儀礼的な上下関係で、中国は通常内政に干渉しないので、実質的には独立国でした（「属国」は普通、従属国を意味します）。

江戸時代の日本は、中国とは長崎の出島で交易するだけの関係、朝鮮とは対馬藩が交易をし、将軍の代替わりには朝鮮から通信使という使節団が来訪するという関係でした。

一八四〇年に始まったアヘン戦争で清国がイギリスに敗れ、四二年に不平等条約を押しつけられて開国し、アメリカ・フランスとも同様の条約を結ぶと、それまでの中国を中心とする東アジアの国際関係が変わりはじめます。五四年にペリーによって開国させられた日本では、それをきっかけに幕末の動乱が始まり、薩摩・長州を中心とする下級武士が中心となって天皇をかついで幕府を倒し、明治政府を樹立します。

政府のリーダーとなった木戸孝允《きどたかよし》・山縣有朋《やまがたありとも》・伊藤博文などの師だった吉田松陰は、日米・日露和親条約が結ばれた翌年に、次のように述べています。「米・露との条約を誠実に実行して国際的な信用を培《つちか》うあいだに国力を充実させ、取りやすい朝鮮・満州・中国を切り従えるべきだ。欧米との交易で失った分は、満州・朝鮮の土地で償《つぐな》うべきだ」（一八五五年四月二四日の兄への手紙、現代語で要約。原文は『吉田松陰全集』第七巻、大和書房）。

一八六八年（明治元年）、明治政府は朝鮮政府に「大政一新」を知らせる外交文書を送りますが、朝鮮政府は、その文書がそれまでの対等な日朝関係に反するとして、受け取りを拒みます。これに対して木戸孝允は「無礼」だとして武力で攻撃することを主張しました（『木戸孝允日記』日本史籍協会、一八六八年一二月一四日の項）。このときは実行されませんでしたが、一八七三年の征韓論争を経て、七五年に、江華島事件（日本の軍艦の計画的挑発で、ソウルに近い江華島の砲台を占領）、そして翌七六年に、軍艦の威圧のもとで日朝修好条規という不平等条約を朝鮮に結ばせます。その最初の条文は「朝鮮国は自主の邦《くに》にして日本国と平等の権を保有せり」ですが、「自主の邦」

は、清国の朝鮮に対する宗主権を認めないということです。そして、「日本と平等」どころか、開港地での日本人の治外法権と、朝鮮国内での日本の貨幣の流通を認める、輸出入商品は無関税という、日本が欧米に押しつけられた以上の不平等条約でした。こうして明治政府は、欧米流の不平等条約で特権を獲得するというやりかたで、朝鮮進出を始めました。

朝鮮をめぐる日本・清・ロシアの対抗

冊封体制というゆるやかな上下関係では、日本の朝鮮進出に対抗できなくなった清国は、朝鮮に対する干渉を強める一方で、西洋諸国を朝鮮に引き入れて日本を牽制しようとします。開化派と保守派が争っていた朝鮮政府も、一八八二年に清国の仲介で米・英・独と条約を結び、全面的な開国に踏みきります。それまで朝鮮に関心をもっていなかったロシアも、宿敵イギリスへの対抗から、八四年に朝鮮と条約を結びます。

明治政府の指導者たちは、政府や大学への大量の「お雇い外国人」に見られるように、欧米にならった近代化を、欧米と手を組んですすめていきます。幕末に欧米に押しつけられた不平等条約を改正するためにも、鹿鳴館《ろくめいかん》外交（日比谷の洋館での連夜のパーティーに各国の外交官を招待した）のように、欧米にへつらってでも文明国と認めてもらおうとします。そして、欧米列強が認める範囲で、清国に対抗して朝鮮進出を強めました。

一八八二年に、日本に接近した王妃の閔妃《ミンビ》に不満をいだく兵士や民衆が、閔氏一族や日本公使館を襲い、国王の父である大院君《テウォングン》を政権につけますが、清国は清朝の皇帝が認めた朝鮮国王をしりぞけることは許さないとして、軍を出して大院君政権を倒しました（壬午軍乱）。日本はこれを機に、公使館護衛部隊の駐屯権を得ます。八四年には、日本と結んで朝鮮の近代化をはかろうとする金玉均《キムオッキュン》らが、清仏戦争を機に、駐留日本軍の支援を受けてクーデターを起こしますが、やはり清国軍の来援で失敗しました（甲申事変）。これらの事件で朝鮮における清の力の大きさを知った日本政府は、八五年に清国と天津条約を結んで、日清両軍の朝鮮からの撤兵、今後出兵の際の相互通告などを約束し、当面の妥協を成立させます。

日本政府内部にも、岩倉具視《いわくらともみ》や勝海舟（旧幕臣、明治政府でも参議兼海軍卿、枢密顧問官）のように、日本・中国・朝鮮は同文の国であり、連携すべきだという意見もありましたが、それは少数派で、多数派は朝鮮を獲得目標にしていきます。一八九〇年の第一議会で、山縣首相は国境という「主権線」だけでなく、主権線の安全に密接な関係がある「利益線」を保護するために、軍備を強化する必要を説きます。同年に山縣が書いた「外交政略論」では、「我邦《わがくに》利益線の焦点は実に朝鮮にあり」として、ロシアが建設しているシベリア鉄道が完成すると朝鮮が危ない、と説きます。

不平等条約をたてに進出する日本と、それに対抗して介入を強める宗主国の清国、そして、それにからみながら起こる保守派や親日派のクーデターに揺さぶられた朝鮮国王の高宗《コジョン》は、ロシアに接近して、独自の統治を維持しようとします。それを知った日本政府は高宗への不信を深め、シベリア鉄道建設とあいまってロシアへの警戒を強めます。しかしロシア政府は、「朝鮮の領有はいかなる利点もない」（八八年外相・アジア局長らの意見書）と考え、高宗の接近に対しても消極的でした。日本政府は、朝鮮への誇張されたロシアの影におびえ（→**Q3**）、またそれを朝鮮への介入の口実としたのです。

日本政府がしかけた戦争

一八九四年に朝鮮で、東学農民戦争が起きます。東学とは、だれでも修行で天と一体化できるという平等思想にもとづいて国の悪政を改め、日本と西洋の侵略をしりぞけて自主自立をはかろうとする運動です。数十万の民衆が参加して蜂起し、全羅道《チョルラド》の都である全州《チョンジュ》を占領しました。朝鮮政府は、清国の袁世凱に強制されて、清国に出兵を要請します。清国政府は日本政府に朝鮮への出兵を通告しますが、陸奥《むつ》宗光外相はその通告文に「属邦を保護する」とあったのをとらえて、これを開戦の口実にしようとします。しかし伊藤博文首相らは、中国と朝鮮の宗属関係は昔からで開戦の口実にならない、欧米から非難されると反対しました（陸奥外相が日清戦争の外交についてみずから書いた『蹇蹇録《けんけんろく》』第一〇章）。

日本は、公使館警備のため若干名とされていた軍隊を八〇〇〇名以上派遣して、ソウルを占領します。日清の出兵の口実を奪うために東学農民軍が解散して名目がなくなると、出兵理由を朝鮮の内政改革に変更し、断られると朝鮮に、清国と断絶し清国軍を国外に追い出すことを要求します。朝鮮政府がそれを受けいれないことは、おり込み済みでした。陸奥は『蹇蹇録』第六章で「むしろこの際、どうにかして日清間に衝突を起こすことが得策だと感じて、外国からひどい非難を招かない限りで、何の口実を使ってもいいからすみやかに実際の運動を始めるよう、大島駐韓公使に訓令した」（現代語訳）と書いていますが、実際の訓令は「如何《いか》なる手段にても執《と》り、開戦の口実を作るべし」と、もっとあからさまなものでした（在韓代理公使・杉村濬『明治廿七八年在韓苦心録』）。

日清戦争要図（1894－95年）

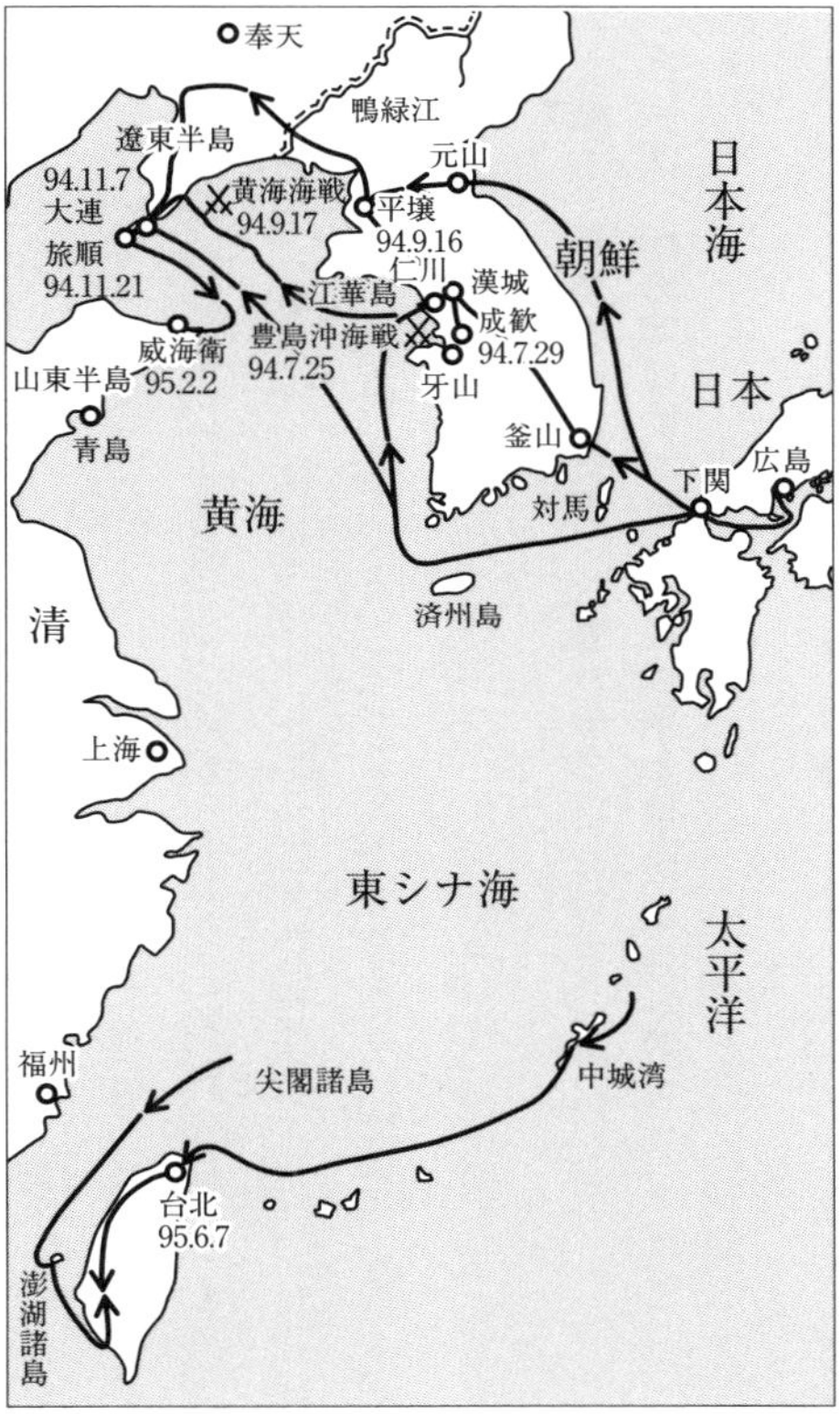

日清戦争が、朝鮮王宮を襲撃・制圧して、言うことを聞かない国王夫妻を虜にしたことから始まったの

は、英・露は介入しないと判断していたものの、諸外国に対して、朝鮮政府の依頼で清国軍を国外に退去させるという大義名分を得るためでした。大院君の親日政権をつくらせて、清国軍の駆逐を日本に依頼させ、先制攻撃をしかけて日清戦争が始まります。開戦の詔勅《しょうちょく》に「朝鮮の独立」という言葉がくりかえされていても、清との宗属関係を絶ち、朝鮮を日本の支配下に置くための戦争だったことは、明らかではないでしょうか。朝鮮の自立を願う農民がふたたび蜂起すると、「悉《ことごと》く殺戮すべし」という川上操六兵站《へいたん》総監の命令（『南部兵站監部陣中日誌』）のもとに、徹底的に鎮圧しながら日清戦争はすすめられました。

（田中行義）

文献①　原田敬一『日清・日露戦争』（岩波新書、二〇〇七年）

②　中塚明ほか『東学農民戦争と日本』（高文研、二〇一三年）

開戦に至る経緯（1894年）

6/2	天皇「我が居留国民保護のため兵隊を派遣せんとす」の勅語。混成1個旅団8035人の朝鮮派遣決定
6/3	朝鮮国王，清に出兵要請
6/5	日本，戦時大本営設置
6/7	清，日本に朝鮮への出兵（2500人）通告，日本も出兵通告
6/10	東学農民軍，政府と講和し解散
6/13	日本軍，仁川に上陸しソウルに入る
6/16	清国政府に農民軍の共同討伐，朝鮮内政の共同改革を提案
6/21	清「内乱すでに平定　改革は朝鮮政府に任せるべき」と拒否
6/23	「日本は改革実現まで撤兵せず」と清国に通告
7/3	内政改革案を朝鮮政府に提出
7/16	朝鮮政府，「日本が撤兵すれば自主改革」と回答。日英通商航海条約調印（治外法権撤廃）…英介入なしと判断
7/20	朝鮮に，清との冊封・朝貢関係破棄と清国兵の駆逐要求の最後通牒（期限22日）
7/22	朝鮮政府回答。「朝鮮は自主の国，日清両軍は撤兵すべし」
7/23	日本軍，朝鮮王宮占領，ソウルの朝鮮軍を武装解除。大院君を国政総裁に
7/25	大院君，清との宗属関係破棄，清国軍駆逐を日本に依頼。日本艦隊，豊島沖で清国艦を攻撃。陸軍，29成歓，30牙山を占領
8/1	日本・清が宣戦布告

Q 3

「日露戦争はロシアの侵略から国益を守るための自衛戦争だった」？

「ロシア脅威論」の出どころ

作家の司馬遼太郎は、歴史小説『坂の上の雲』で、満州（中国東北地方）・朝鮮に対するロシアのあくなき侵略欲が日本を追いつめ、やむなく日本は「窮鼠《きゅうそ》猫を噛む」状態になった、日露戦争は日本の防衛戦争だ、と描いています。ロシアが朝鮮を取ったら次は日本本土も危ない、というわけです。こうしたロシア観は、この小説が多くの人々に読まれ、テレビドラマ化されたこともあって、いまでも影響力をもっています。またそれは、政府の指導的な人々をはじめ、日露戦争当時のほとんどの日本人の見方でもありました。多くの欧米勢力が日本に接近していたのに、ロシアの脅威だけが強調されたのはなぜなのでしょうか。

明治政府はイギリスとのつながりが強く、政府が雇った「お雇い外国人」もイギリス人が圧倒的に多かったので（もっとも多い工部省では一八七四年に二二八人中一八五人が英国人。『明治史要』下）、日本政府や報道機関の主な海外情報源は、新聞では『タイムズ』、通信では『ロイター』などのイギリスの報道や政府情報でした。そのイギリスは、世界各地でロシアと対立していたので、イギリスの目を通した「ロシア脅威論」が、日本に大きな影響を与えることになったのです。『坂の上の雲』も、そうしたロシア観で書かれています。

最近の研究では、皇帝や外相などロシア側の当事者の日記や手紙、ロシア軍の戦史、さまざまな報告書などの多面的な史料をもとに、イギリスの眼鏡で見たものとは違う、日露戦争当時のロシアとそれに対する日本政府の対応が明らかにされてきています（→文献③）。

清に勝って朝鮮を確保したと思ったら

日露戦争の戦場はどこだったでしょうか。一九〇四年二月八日から、朝鮮の仁川《インチョン》と満州の旅順で戦争が始まり、その後も戦場は朝鮮と満州でした。ロシア領での戦闘は、翌年五月の日本海海戦に日本が勝利して講和交渉に合意した後で、日本軍が割譲をねらって樺太《からふと》に上陸したときだけです。もちろん日本の領土は日清戦争同様、戦場になっていません。これは、この戦争が朝鮮と満州の支配権をめぐる争いだったことを示しています。

では、朝鮮の支配権を争った日清戦争に勝った日本が、再度ロシアと朝鮮・満州の支配権を争ったのは、なぜなのでしょうか。日清戦争は、よく訓練された日本軍に対し、清国軍は実質的に李鴻章の北洋軍だけが戦い、装備は旧式で訓練は行き届かず、日本の勝利に終わりました。一八九五年四月、日本は講和条約第一条で「清国は朝鮮国の完全無欠なる独立自主の国たることを確認す」と、朝鮮に対する清の宗主権を否定し、第二条で遼東半島・台湾・澎湖列島を日本に割譲させます。その六日後に、ロシア政府はフランス・ドイツとともに「遼東半島を日本にて所有することは、常に清国の都を危うくするのみならず、之と同時に朝鮮国の独立を有名無実にするものにして……」と遼東半島の清国への返還を勧告します（三国干渉）。「朝鮮の独立」を戦争目的にかかげた日本の痛いところをついたわけです。日本が三国干渉に屈して返還に応じたのを見た朝鮮の国王高宗《コジョン》と王妃の閔妃《ミンビ》は、ロシアの力で、日本の保護国化への圧力を押し返そうとします。日清戦争の成果を台なしにされることを恐れた軍部は、同年一〇月、ソウルの日本公使の主導で王宮を襲撃して閔妃を殺害するという暴挙に出て、日本は国際的な非難を浴びます。王妃を殺された高宗は王宮を脱出して、ソウルのロシア公使館に約一年間逃げ込み、親露政権を立てます。こうして朝鮮でのロシアの影響力が増大しました。

旅順・大連獲得が迷走のもと

日清戦争で清国の弱体化が明らかになり、西欧列強は中国への進出を競います。日本への巨額の賠償金を、利権を担保に列強から借りて払わなければならなかったことも、中国の分割をすすめる結果となりました。ドイツの膠州湾占領がロシア皇帝ニコライ二世を刺激し、外相がその意をくんで、海軍が望んでもいない旅順・大連を獲得します。旅順港は遼東半島の先端にあって、ロシア本土とはその後敷かれる鉄道（のちの東清鉄道と南満州鉄道）だけでつながり、出入口も港内も狭いのです。しかしいったん獲得すると、旅順・大連はロシアの南満州の拠点として整備されていきました。

朝鮮では日本・清・ロシアいずれからもの独立を求める運動がさかんになり、高宗は王宮に戻り、一八九七年に国名を大韓帝国に変え、皇帝と名乗って清国との宗属関係を清算し、ロシアから招いた軍事教官や財政顧問を帰国させるなど、ロシアからも自立を強めます。

一九〇〇年、西欧列強と日本による分割で亡国の危機におちいった清国で、義和団（列強の侵略に反対し、キリスト教と西欧文明を敵視する武装集団）が蜂起し、鉄道や電信を破壊して北京の列国公使館を包囲すると、日本とロシアを主力とする八カ国連合軍が出動して鎮圧しました。ロシアは満州で建設中の鉄道防衛を理由に、大軍で満州を占領しました。これに対して日本政府のなかには、ロシアが満州をおさえるなら、韓国は日本がおさえることをロシアに認めさせようという、満韓交換論が出てきます。その路線の上で伊藤博文らは、ロシアとの戦争を避けようとして日露同盟を結ぼうとしますが、桂太郎首相、小村寿太郎外相はその動きをおさえて、ロシアを仮想敵国とした日英同盟を結びます。山本権兵衛海軍大臣のように「韓国のごときはこれを失うも可なり。帝国固有の領土を防衛すれば足《た》れり」という意見もありましたが、それは例外的でした。桂首相は「韓国は我が保護国たるの目的を達すること」、ロシアが満州を取れば朝鮮にも影響が及ぶので、満州もロシアに渡すわけにはいかない、という方針で、ロシアとの戦争に向けて毎年国家予算の四割をつぎ込み、猛烈な軍備拡張を続けていきます。日清戦争からの一〇年間で、日本の軍備は二倍になります。三国干渉で国民のロシアへの憎悪が増幅され、シベリア鉄道完成前に開戦に踏みきるべきだという世論が高まりました。

「ロシアの脅威」の内実は

ロシアは、西方のモスクワ、ペテルブルクを中心に帝国を建設し、一六世紀後半にシベリアに進出しました。しかし、極東政策を長いあいだ確定できず、日清戦争までは満州・朝鮮に積極的に介入する意図はありませんでした。シベリア鉄道も、はじめは英米の技術者などが鉱山開発や貿易を目当てに提案したので、極東への軍事進出を目的にしたわけではありません。三国干渉以後、満州・朝鮮への介入を強めますが、方針は一定しません。当時のロシアは、最終的には皇帝がすべてを決定する専制体制で、内閣も、政府を統轄する総理大臣のポストもなく、通常は担当大臣の上奏を皇帝が裁可すれば実施に移されます。皇帝には秘書も、正式な補佐官や顧問もいませんでした。重要問題では、皇帝の指示で関係する大臣の協議会が開かれますが、議会もないので、政府の方針や予算を議会で説明して承認を得る必要もありません。その専権を握るニコライ二世は政治経験が乏しく、日露開戦の年でも三六歳で、仕事熱心ではあるものの人の影響を受けやすく、気が変わりやすい性格でした。開戦三カ月前から一カ月間も趣味の狩猟に明け暮れる（ニコライ二世の日記より。→**文献③**）など、情勢判断ができず無責任でした。

日露開戦の真相は

義和団事件でのロシア軍の満州占領に諸外国が抗議すると、ロシアは三回に分けて撤兵することを清国に約束します。しかし、日本が朝鮮を支配したら旅順・大連が孤立する危険があるという意見が出て、一回でやめてしまいます。開戦前年に、一度は皇帝が「日本の朝鮮領有を認める」と決定しますが、開戦に向けて日本が提案して始まった日露交渉では、ロシアは「韓国領土を軍略上の目的に使用せざること」を要求し、これを日本が拒否して交渉を打ち切り、開戦に踏みきります。ロシアは見通しもなしに取ってしまった旅順・大連を守るために満州占領を続け、そのために日本の朝鮮確保に非軍事の条件をつけようとしたのですが、韓国の保護国化をめざす日本がこれを受けいれるはずはなかったのです。ロシアの皇帝や大臣たちの意見はバラバラで一貫

日露戦争要図（1904－05年）

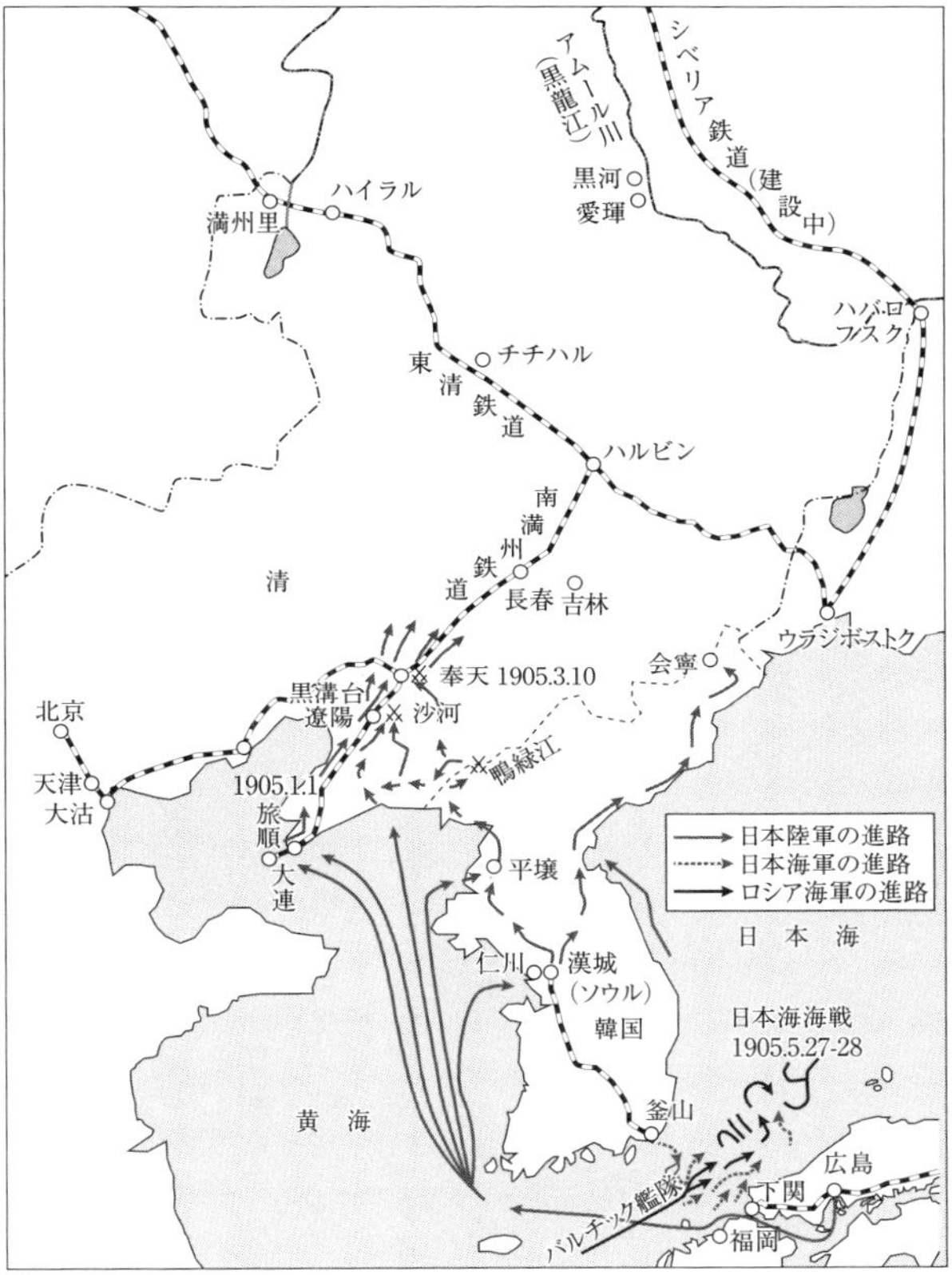

性もありませんでしたが、朝鮮を獲得するという意見はなく、まして日本を攻めることなど、だれも考えていませんでした。日本でも事態を冷静に見ていた人がいました。毎日新聞社長で衆議院議員の島田三郎は、ロシア脅威論を「恐露病」と名づけ、海を渡って攻めて来るとでもいうのか、と批判しています。

しかし、ロシアの宿敵イギリスと同盟を結んだ桂内閣は、伊藤らの慎重論を押しきり一九〇四年二月四日に元老を含めて全員一致で開戦を決めます。日本の宣戦布告文は「韓国の保全・安全」を守るため、と強調していますが、以上のような経過を考えれば、韓国を軍事占領して保護国にすることをロシアに認めさせるために、日本がしかけた戦争が内実といえるでしょう。一方ロシア側は、一部の武官をのぞいて日本の軍事力を過小評価し、だれも戦争になるとは思っていませんでした。日本が軍事行動を起こしても、韓国占領が目的だと考えたので、ロシア軍艦への不意打ち攻撃に衝撃を受けるという状態でした。このように、日本は『坂の上の雲』が描くような「窮鼠」ではなかったのです。

他方、日露戦争では、少数ながら、日本ではじめて反戦運動が起こりました。挙国一致でおこなわれた日清戦争に対し、日露戦争では厭戦《えんせん》や反戦の声があがった背景には、この一〇年に資本主義経済が発達し、労働運動や社会主義運動が生まれたことがあります。労働者や農民に犠牲を強いる対外膨張政策への批判が生まれ、自由主義者やクリスチャンも反戦の声をあげました。こうした動きは、政府の弾圧にもかかわらず、韓国併合、シベリア出兵、満州事変以後の戦争への反対の動きにも受け継がれていきました。

（田中行義）

文献①　**横手慎二『日露戦争史』**（中公新書、二〇〇五年）
②　**山室信一『日露戦争の世紀』**（岩波新書、二〇〇五年）
③　**和田春樹『日露戦争　起源と開戦』**（上・下、岩波書店、二〇〇九—一〇年）
④　**山田朗『これだけは知っておきたい日露戦争の真実』**（高文研、二〇一〇年）

Q4 「韓国併合条約は国際的にも合法だった」？

自国の消滅を願い出る皇帝

「日本の皇帝と韓国皇帝は両国間の特殊にして親密な関係を思い、相互の幸福を増進し、東洋の平和を永久に確保しようとして、その目的のために韓国を日本帝国が併合するのが良いと確信し、併合条約を結ぶことを決めた。
第一条　韓国皇帝陛下は韓国全部に関する一切の統治権を、完全かつ永久に日本国皇帝陛下に譲与する。
第二条　日本国皇帝陛下は前条にかかげた譲与を受諾し、完全に韓国を日本帝国に併合することを承諾する。」

これが一九一〇年に結ばれた「韓国併合に関する条約」（現代語訳）です。韓国皇帝の統治権譲与の申し出を、日本の天皇が承諾した、という文面です。これは本当だったのでしょうか。

日露戦争から保護条約へ

日清戦争もそうでしたが、日露戦争も、日本の朝鮮に対する戦争として始まりました。ソウルを占領し、韓国政府に迫ってロシアとの戦争に韓国領土を使うことを認めさせ、さらに第一次日韓協約を結ばせて、韓国政府に日本が推薦する財政・外交顧問を置くことを認めさせ、保護国化をすすめます。日露戦争の講和会議にむけ、日本政府が小村全権委員に出した訓令の「絶対必要条件」の第一は、「韓国を全然我自由処分に委《い》することを露国に約諾《やくだく》せしむること」でした。戦争の目的がここにあったことがわかります。実際に講和条約で、韓国に対する日本の「指導・保護・監理」をロシアに認めさせます。交渉で認められなかった韓国保護国化を、戦争で認めさせたのです。

こうして日露戦争が終わった一九〇五年には、韓国政府の警察・法律・教育など各局に日本人の顧問や参与が一八八人送り込まれ、約二万八〇〇〇人の日本軍が駐留していました。お金は日本の第一銀行朝鮮支店が発行する銀行券に統一され、第一銀行は国庫金もあつかう事実上の中央銀行になります。これで独立国といえるでしょうか。

同年一一月には特派大使伊藤博文が、長谷川好道朝鮮駐劄《ちゅうさつ》軍司令官と林権助日本公使をともない、日本憲兵隊が包囲する韓国の閣議で、深夜一時半までかかって抵抗する大臣たちを押しきり、第二次日韓協約（乙巳《いっし》保護条約）を結ばせます。これは韓国の外交権を奪い、ソウルに日本政府を代表する統監府を設置して、外交をはじめ広範な権限を与えたものです。初代統監には伊藤が就任し、ソウルにあった各国公使館を廃止し、公使を帰国させ、韓国の在外公館も閉鎖します。これで外交ルートを失った高宗皇帝は、密使を使って諸外国に保護条約の無効を訴えつづけますが、すでに日本の韓国支配を認めている各国は相手にしません。一九〇七年にはオランダのハーグで開かれた万国平和会議に三人の密使を送って保護条約の不当性を訴えましたが、これも無駄でした。

密使派遣を知った伊藤は激怒して高宗に迫り、皇太子に譲位させます。そして、代わったばかりの純宗《スンジョン》に第三次日韓協約を結ばせて内政権を奪い、韓国軍を解散させます。この協約で、法令の制定や役人の任免は統監の同意が必要になり、内閣各部には日本人の次官を配置し、大審院長や検事総長・警視総監には日本人が任命され、判事や検事にも大勢の日本人が採用されました。これでは、とても独立国家とはいえないでしょう。

解散を命じられた韓国軍兵士の多くは解散を拒否して反乱を起こし、すでに各地で日本の支配に抵抗して立ち上がっていた義兵に合流しました。併合までに、日本軍と義兵の戦闘回数は二八五二回、義兵数は一四万一八一四人、義兵の死者一万七七七九人（日本軍報告書『朝鮮暴徒討伐史』。実際はもっと多いと考えられる）にのぼりました。

伊藤博文と韓国併合

「伊藤博文は併合に反対だった」とか「伊藤が一九〇九年一〇月に暗殺されなければ併合はなかった」という議論があります。伊藤は一時期、韓国を自治植民地にする構想をもっていましたが、一九〇九年四月には桂首相・小村外相の併合方針に賛成し、それを受けて政府は七月に「適当の時期」に併合する方針を閣議決定し、天皇が裁可して併合が決まりました。伊藤は統監として、韓国の独立を守ろうとする人々を厳しく弾圧しました。伊藤が統監を辞めたのは〇九年六月ですから、義兵の死者のほとんどは伊藤が統監だった時期のものです。

冒頭の併合条約は、どのような状況で結ばれたのでしょうか。一九一〇年八月二二日に「韓国併合に関する条約」が陸軍大将寺内正毅統監と韓国の李完用《イワンヨン》首相によって調印されますが、目立った抗議行動はありませんでした。それは、日本軍と警察が厳戒態勢をしき、ソウルには大砲が並び、政治活動禁止令が出され、厳しい報道規制と、反日的とされた人物数百人の事前検束がおこなわれたからです。条約の内容は調印から一週間、公表されませんでした。以後、日本の敗戦に至るまで、足かけ三六年にわたって韓国を植民地支配したのですが、日本政府は一九六五年の日韓条約をめぐる佐藤首相の答弁以来、長いあいだこの併合条約について「自由な意思、対等の立場で、法的に有効に結ばれた条約」という立場をとってきました。

すでに見たように、一九〇五年に伊藤が韓国の閣議に乗り込んで保護条約を結ばせ、外交権を奪いましたが、帰国した伊藤が天皇に出した報告書には、韓国皇帝に対して伊藤が次のように言ったと書いてあります。

「これをご承諾あるとも或《ある》いは御拒みあるとも御勝手たりといえども、もし御拒みあいならんか帝国政府はすでに決心する所あり。その結果は果たして那辺《なへん》に達すべきか、けだし貴国の地位はこの条約を締結するより以上の困難なる境遇に坐し、一層不利益なる結果を覚悟せざるべからず」（保護条約をあなたが承諾するのも拒否するのも自由だが、拒否するのなら、日本政府は重大な決意をもっているので、韓国の地位は保護条約を結ぶよりいっそう不利益になることを覚悟

当時の風刺画（統監政治の実態）

『東京パック』1908年11月。韓国皇太子にイロハを教えながら朝鮮人を虐げる怪物として伊藤が描かれている。『東京パック』は鋭い風刺で人気を博し、中国・朝鮮でも販売された。

しなさい。（「韓国特派大使伊藤博文復命書」→文献③）

これは皇帝に対する脅迫ではないでしょうか。その後結ばれた併合条約も、外交権に加え内政権も奪われて独立国家とはいえない状態の韓国と、その外交権・内政権をもつ日本とのあいだで、軍隊の威圧のもとで結ばれたのですから、「自由意思」とか「対等」とは程遠いものです。外国と条約を結ぶ権利を奪われた国が、併合条約を結んで「一切の統治権を完全且《か》つ永久に」譲与して、自分の国を消滅させることができるのかという疑問も生じます。

「当時は有効・合法」と言い張る意味は？

一九六九年採択、八〇年発効の「条約法に関するウィーン条約」（日本は八一年加入）で、「国の代表者に対する強制」（第五一条）の結果結ばれた条約は無効とされています。この条約は、過去にさかのぼっては適用されないので、韓国併合条約を無効にするものではありませんが、現在の基準からすれば無効な条約であるといえます。

一九九五年の村山首相談話で「植民地支配と侵略の反省」が表明され、併合条約は対等平等の立場で結ばれたとは考えないという首相答弁が国会でありましたが、「法的には有効に結ばれた条約」という政府の解釈は変更していません。政府以外でもそういう主張があります。

併合条約は、一九六五年の日韓条約で「すでに無効」と確認されています。韓国は当初から無効と主張していますが、日本政府は、五一年のサンフランシスコ講和条約で朝鮮の独立を認めた時点で無効になったので、それまでは有効だったとしています。この違いは、現在ある条約を無効にしようという話ではありません。すでに無効になった条約が、当時は有効だった、と言い張るのには、どういう意味があるのでしょうか。

「締結当時、併合条約にどこの国からも異議や抗議はなかったから合法だ」という議論もあります。すでに見たように、韓国皇帝は、併合条約の時点では異議を唱える道をふさがれていましたが、それに先立つ保護条約に対しては無効を訴える密使を各国に送り、万国平和会議でも訴えようとしました。欧米各国が密使を相手にせず、併合に抗議しなかったのは、イギリスのインド支配、アメリカのフィリピン支配を日本が認める代わりに、日本が韓国を支配することの了承をすでにとりつけ、日露協約・日仏協約でロシア・フランスからも同意を得ていたからです。植民地支配をしたのは欧米諸国も同じで、日本だけではないという議論もありますが、日本政府が取り引きをして、欧米の植民地支配を認める代わりに韓国併合を認めさせたという事実を確認することが必要です。

実際には暴力と強制で押しつけた条約を、統治権の自発的譲渡という、だれが考えてもおかしい物語に作り変えなければならなかったことに、この条約の不当性がはっきり示されています。当時としては合法だったとか、手続きは適法だったとか言い張ることをやめ、植民地支配と侵略の反省を確認することが大切なのではないでしょうか。

（田中行義）

文献①　中塚明『現代日本の歴史認識』（高文研、二〇〇七年）
②　趙景達『近代朝鮮と日本』（岩波新書、二〇一二年）
③　「伊藤特派大使遣韓ノ件」（外務省編『日本外交文書』第三八巻第一冊、五〇二ページ）外務省ウェブサイト「日本外交文書デジタルアーカイブ（http://www.mofa.go.jp/mofaj/annai/honsho/shiryo/archives/）で閲覧可能。

コラム1
関東大震災時の朝鮮人虐殺をめぐる教育委員会の介入

南京虐殺や「慰安婦」問題など歴史の真実を否定しようとする歴史修正主義の動きが強まるなか、地方でも、教育委員会が独自に作成した「副読本」で、関東大震災時に起きた朝鮮人虐殺を否定する動きが起こっています。

東京都教育委員会(都教委)は、『江戸から東京へ』という「副読本」・「教材」を都立高校生全員に配布しています。そのなかには、アジア太平洋戦争は「植民地支配からアジアを解放する」ためだった等の記述があります。作成のきっかけは、都が独自で二〇一二年に導入した「日本史必修」でした。

一都三県(神奈川、千葉、埼玉)の教育長は二〇〇六年、同年末の教育基本法改定に先立つ九月に、改正教育基本法と同様「我が国の歴史や文化、伝統に対する理解を深め」るためとして、高校での日本史の必修化(現在は、地理歴史科では世界史が必修で日本史・地理はどちらか選択)が必要との文科省要請をおこないました。これが実現しないとみるや、都独自に「日本史必修」を実施しました。その際、都教委は、日本史のA・B科目に加え、独自の科目「江戸から東京へ」を設定し、そのどれかを履修するよう求めました。この科目の「準教科書」が『江戸から東京へ』で、検定の制約もなく、都教委がフリーハンドで作成したものです。最初の二〇一一年度版は、都立高校生や教員の全員、中学校の社会科教員などに一四・五万冊配布されました。以後、新入生にその年度のものが配布されています。いずれも無償です。そして「なんの授業でもいい、この教材をとにかく使うように指示」(猪瀬直樹副知事=当時、『正論』二〇一二年五月号)がされています。

二〇一一年度版『江戸から東京へ』での関東大震災のあつかいは、ほとんどが天災の話です。そして申し訳程度に、「『関東大震災朝鮮人犠牲者追悼碑』は、大震災の混乱のなかで数多くの朝鮮人が虐殺されたことを悼み、一九七三年(昭和四八年)に立てられた」と、朝鮮人虐殺にふれる記述がありまます。戒厳令下での軍や官憲による中国人虐殺や、社会主義者・労働運動指導者を虐殺した亀戸事件などには、まったくふれていません。

二〇一三年度版では、先の文の「数多くの」「朝鮮人が虐殺された」を消し去り、「碑には、大震災の混乱のなかで、『朝鮮人が尊い生命を奪われました』と記されている」と記述を変えました。その理由を都教委は「いろいろな説があり、殺害方法がすべて残虐と我々には判断できない。（虐殺の）言葉から残虐なイメージも喚起する」（『朝日新聞』二〇一三年一月二五日）としています。「判断できない」なら、専門家として責任を負う監修者に聞くべきであり（この版から筆者や監修者の名前を消している）、学問的な研究が必要なはずです。

その後「関東大震災時朝鮮人虐殺の国家責任を問う会」（共同代表・姜徳相氏ら）の質問状に、①該当箇所は史跡紹介なので、監修者や執筆者に事後報告にした。②高校の日本史教科書で実教出版、東京書籍、第一学習社が「虐殺」、山川出版社の『現代の日本史』が「殺害」、山川『詳説日本史』と明成社が「殺傷」と表現が異なっていることを「いろいろな説」と回答しています。多数は「虐殺」であり、検定でも認められているもので、対立する学説のようなものではありません。

追悼碑建立の説明文「……流言蜚語《ひご》のため六千余名にのぼる朝鮮人が尊い生命を奪われました」は、虐殺という言葉は直接用いていませんが、明らかに虐殺に対する追悼を述べたものです。都教委は、これを恣意的に部分引用したのです。なお、国の中央防災会議でさえ「虐殺という表現が妥当する例が多かった」と二〇〇八年に認定しています。

一方で、横浜市教委は、毎年中学生に配布している副読本『わかるヨコハマ』の二〇一三年度版で、前年度の「軍隊や警察、自警団などは朝鮮人に対する迫害と虐殺（をおこなった）」との記述を、以前の「自警団のなかに朝鮮人を殺害する行為に走るものがいた」に戻し、「虐殺」という言葉を消し、その殺害を単純に自警団の行為にしてしまいました。同様に、謝罪・反省のため日本人の一市民が建てた「関東大震災　殉難朝鮮人慰霊碑」の写真を掲載していたのも、差し替えてしまいました。

この問題は、前年七月の市議会で、自民党市議が先の記述を取りあげ「わが国の歴史認識や外交問題に影響を及ぼしかねない。横浜だけの問題ではない」と批判し、山田巧教育長（当時）が「虐殺という言葉は非常に強い」と呼応し、副読本の改訂のみならず、回収まで表明したことに端を発しています。そして二〇一二年度版の作成にあたり「手続き上の不備があった」として責任者を処罰し、さらに一年生にすでに配布した二〇一二年度版を回収し、応じない生徒については理由を聞くようにも指示しています。

『神奈川新聞』社説（二〇一三年八月二六日）は、横浜市教委の『わかるヨコハマ』改訂と旧版回収を「紛れもない教育への政治介入であり、権力にとって都合が悪い歴史の隠蔽である」と、きわめて明確に批判しています。（鈴木敏夫）

Q5 「満州事変・日中戦争は中国の排日運動による日本人への危害に対する自衛戦争だった」？

「排日運動が戦争の原因」と記す教科書

二〇一二年度から使用されている育鵬《いくほう》社の中学校歴史教科書『新しい日本の歴史』（以下「育鵬社版」）は、「中国の排日運動と満州事変」という項の「満州事変のおこり」という小タイトルの部分で、「済南での日本軍の衝突以降、日本の中国権益の解消をめざす排日運動が強化されました。排日運動の激化に対し、日本国内では日本軍による満州権益確保への期待が高まりました」と記した後に、関東軍が満州事変を起こし満州国を建国したことを書き、「新聞や世論はこの動きを熱狂的に支持し、政府の外交を弱腰と批判しました」と記しています。そして次の「日中戦争（支那事変）」の項では「満州国の発展」という小タイトルをつけて、「王道楽土」「五族協和」「共存共栄」をスローガンにかかげた満州国が発展したように書いています。

育鵬社版の記述は、中国の排日運動によって日本の満州権益が危害にあったので、関東軍が満州事変を起こし満州国をつくった、国際連盟は満州国を認めなかったが、日本国民は熱狂的に支持したので満州国も発展した、と読めるようになっています。

一九三七年七月七日に盧溝橋《ろこうきょう》事件が発生すると、日本政府と軍部は「日本人居留民保護」という口実で大規模な軍隊を中国の華北へ派遣し、日中戦争を開始しました。同年八月九日に上海で大山事件（上海海軍特別陸戦隊の大山勇夫中尉が、虹橋飛行場近くで中国の保安隊に射殺された事件）が起こると、海軍はこれを中国軍のしわざとして、激しい排日運動の危害から日本人居留民を守るためと称して政府・軍部に大規模な軍隊の派遣を決定させ、八月一三日から第二次上海事変を開始、戦火は華北から華中、華南へと拡大して、日中全面戦争となりました（→**文献①**）。

中国への侵略戦争を開始するときの日本政府・軍部の口実は「中国政府に排日運動の禁止と取り締まりを要求したが、中国はそれを厳守しなかったので、日本人居留民の安全と保護のために出兵、日本軍の統治による日本権益の確保と治安秩序の維持をはかる」というものでしたが、育鵬社版はそうした口実と同じ記述になっています。

なぜ排日運動が起こされたのか——その原因と実態

日本人にとって大切なのは、排日運動といわれる中国人の民族運動が、日本のどのような中国政策に対して発動され、どのような手段・方法でおこなわれたのか、歴史事実にもとづいて認識することです。中国人の排日運動は、日本の侵略政策の拡大や、侵略的な軍事行為がおこなわれたことに抗議・反対して起こされたものです。

育鵬社版は、「中国の排日運動と満州事変」の項において「一九二八（昭和三）年、北伐を進める国民党軍が済南にせまると、田中義一内閣は日本人居留民保護のため山東省への出兵を決定し、日中両軍は衝突しました」と書いていますが、冒頭に引用した「日本の中国権益の解消をめざす排日運動」は、田中義一内閣の山東出兵や済南事件に抗議・反対して発動されたものであったということを、意図的にごまかしています。歴史の事実は、以下のようになります。

一九二八年の中国は、中華民国国民政府による全国の統一と、中国が列強と結ばされていた不平等条約の撤廃（関税自主権の回復と領事裁判権の撤廃）、列強の租借地《そしゃくち》・租界《そかい》の回収による完全主権の確立を求めて、中国国民革命が全国で展開されている最中でした。育鵬社版が「日本の中国権益の解消をめざす排日運動」といっているのは、日本が日清戦争や日露戦争、義和団戦争などの侵略戦争で中国から奪った旅順・大連の租借地の返還を求めたり、日本が列強の一国となって中国に押しつけた不平等条約の撤廃を求めたりした、中国から見れば、主権回復運動だったのです。

一九二六年に広東を出発した蔣介石を総司令とする国民革命軍（北伐軍）は、国民の熱狂的な支持を受けて、破竹の勢いで北上を続け、二七年四月には南京に国民政府を樹立しました。当時、北京では日本軍の援助を受けた奉天軍閥の張作霖が北京政府を支配していて、北伐軍の北上を阻止しようとしていました。田中義一内閣は、国民革命軍が北京に入城し、国民政府が統一を達成するのを妨害するために、済南や青島の日本人居留民保護を口実にして、第一次から第三次にわたる山東出兵をおこない、青島や済南、山東鉄道を軍事占領したのです。第二次山東出兵がおこなわれた二八年五月、国民革命軍が済南に入城すると、日本軍は、モヒ・ヘロインなどの麻薬密売者を殺害して、それを日本人居留民が国民革命軍に虐殺されたと発表し、国民革命軍に総攻撃を加え、済南を占領しました（済南事件）。

日本政府・軍部は、第一次世界大戦に乗じてドイツに宣戦布告、山東半島を軍事占領して、ドイツの山東権益を横奪しようとしました。パリ講和会議では、アメリカやイギリス、フランスもそれを認めようとしたので、中国政府と国民が山東主権回収を求めて五・四運動を展開し、ベルサイユ条約の調印を拒否しました。最終的にはワシントン会議中に、アメリカの斡旋により「山東懸案解決に関する条約」（一九二二年二月四日）が締結され、日本は旧ドイツの山東権益を中国へ返還すること、日本軍を山東省から撤退させることが決められたのでした。

日本の山東出兵の意図は、済南と山東鉄道を軍事占領して、国際条約で失った山東権益をふたたび強奪しようとしたものです。この日本の山東侵略と、国民革命への干渉に抗議して、日本商品のボイコット（当時は日貨排斥運動といった）や、日本との経済絶交をめざした反日民族運動が発動されたのです。育鵬社版が「日本の中国権益の解消をめざす排日運動」と書いているのは、日本政府・軍部が、日中戦争を「中国の排日運動から日本の在華権益を守るため」「自存自衛のため」であったと主張したのと同じであり、歴史事実を歪曲しています。

満州事変と上海事変に抗議して展開された対日経済絶交運動

育鵬社版の「中国の排日運動と満州事変」というタイトルは、中国の排日運動が満州事変の原因になったようにいうもので、正しくありません。関東軍は、謀略によって柳条湖事件を引き起こして満州事変を開始しました。同じく関東軍の依頼を受けて、田中隆吉らの日本軍将校が謀略により第一次上海事変を引き起こし、世界の眼を満州国樹立からそらそうとしました。これらに対する中国国民の強い抗議運動として、対日経済絶交運動が展開されたのです。それは日貨ボイコット（日本品不買）、日本の企業・商人と取り引きをしない、日本紙幣を使わない、日系銀行に貯金しない、日本企業で働かない、日本人経営の郵船や鉄道に乗らないなど、平和的・合法的な手段で抗議をおこない、日本側に「経済的」な損失・打撃を与えた運動でした。これを戦前の日本では「日本人に危害が加えられた」と宣伝したのです。

当時、国際連盟は、自国より強大な国から軍事的侵略を受けた場合、ボイコットは合法的な防御手段として認められるとしていました。現在でも、ボイコット運動や経済制裁は、国際社会で認められている抗議・反対の手段です。これを戦前の日本は「排日運動」と叫んで、日本軍の出兵と侵略戦争発動の口実にしたのです。

張作霖爆殺事件（一九二八年六月）によって父・張作霖を殺害された奉天軍閥の張学良は、蔣介石国民政府の統一を認めてその傘下に入り、父の勢力基盤を継承して、東北政権（満州を領域とする）の経済建設、軍事建設をすすめました。そして、日露戦争によって日本に奪われた南満州鉄道や旅順・大連の租借地、日本の警察権などを回収しようとしました。これに対し危機意識をもった関東軍が、謀略による満州事変を引き起こしたのです。そして張学良の東北政権を崩壊させ、傀儡《かいらい》国家としての満州国をつくりました。

育鵬社版にある、「（国際連盟の）リットン調査団は中国側の排日運動を批判し、日本の権益が侵害されていた事実は認めました」という記述は、巧みなごまかしです。リットン調査団の報告書は、「経済絶交運動」によって中国における日本の経済的利益が大きな損害を受けたという事実を「認めた」のであって、「排日運動を批判」したものではありません。むしろ日本に対して、いかなる外国よりも「支那《しな》（中国）の経済的な友邦たるべき」と警告していたのです。

日本政府・軍部が出兵の口実にした「日本人居留民団」の実態

日本の中国侵略戦争はすべて、中国の排日運動・抗日運動の激化に対する「日本人居留民保護」を口実にして軍隊を派遣して開始されました。しかし、上海や天津、南京、漢口、済南、青島、大連などの経済的大都市を中心に、中国全土に広がっていた「日本人居留民」とは、どのような日本人で、何をしていたのかも、歴史事実に照らして知っておく必要があります。

たとえば、経済面における日本の対中国進出の拠点であった上海においては、「日本で食いつめて一旗あげようとやってきた一旗組」や、「一攫千金《いっかく》を夢見てぼろ儲けをたくらんでやってきた一攫千金組」が多く、日本帝国主義の中国進出の尖兵としてやってきた彼らは、日本人居留民団を組織し、日本がもっていた上海租界における治外法権などの特権を振りかざし、さらに日本総領事館や海軍の上海特別陸戦隊などの権力を笠に着て、中国人を差別・軽蔑して傲慢で横暴にふるまっていました。日本人居留民は日常生活のなかで上海の民衆の反日感情を引き起こしていたので、日本の侵略事件をきっかけに、広範な排日運動が展開されたのです（→**文献②**）。

（笠原十九司）

文献① 笠原十九司「大山事件の真相——日本海軍の『謀略』の追及」（『年報日本現代史』第一七号、二〇一二年）

② 笠原十九司『第一次世界大戦期の中国民族運動』（汲古書院、二〇一四年）

Q6 「南京虐殺はなかった」？

南京虐殺事件（南京事件）とは

日中戦争の初期に、中国国民政府の首都南京を攻略した日本軍が、中国軍民に対しておこなった虐殺・強姦・略奪・放火などの残虐行為の総称が「南京事件」です。日本軍は、一九三七年一二月一日から南京攻略戦を開始し、激しい戦闘の末、一二月一三日に南京を陥落させ、以後長期にわたって占領を続けました。

当時、南京にはおよそ五〇万余の市民・難民と、さらに総勢約一五万人の中国軍兵士と軍夫などがとどまっていましたが、日本軍は非戦闘員も巻き込んだ包囲殲滅《せんめつ》戦（中国軍皆殺し作戦）をおこないました。犠牲者でもっとも多かったのは、敗残兵・負傷兵・投降兵・捕虜など、無抵抗の状態のなか、戦時国際法に反して殺害された中国兵・軍夫などです。南京からの脱出、避難中に殺害されたり、日本軍の残敵掃討戦によって、中国兵とみなされて集団的に殺害された一般市民の男性も多数にのぼりました。女性に対する強姦および強姦殺害も、膨大な件数を数えました。

犠牲者総数について、日本の歴史研究者は十数万以上とみなしていますが、前記の状態の中国兵・軍夫などの不法殺害を虐殺とみなさないで、約四万人、約二万人などとみなす研究者もいます。日本政府と軍部は、厳重な情報統制により日本国民には知らせないようにしましたが、南京大虐殺は世界に報道され、国際世論から厳しい批判を受けました。その結果、東京裁判では戦時国際法に違反した残虐事件として裁かれ、「南京とその周辺で殺害された一般人と捕虜の総数は、二〇万以上であった」と判決書に記されました。中国は、中国国民政府の南京軍事法廷の判決にもとづき、犠牲者総数は三〇万人以上と主張しています。

南京虐殺否定論を主張する政治勢力とその意図

南京事件が歴史事実であることは、学問的・歴史学的に証明され、日本の歴史学界では定説となっています（**↓文献②**）。それにもかかわらず、南京虐殺否定論が広く流布《るふ》されているのは、日本国民に、日中戦争が日本の国益を守るための「自存自衛」の戦争、「東洋平和」「アジア解放」のための「聖戦」「正義の戦争」であったかのように思い込ませようとする政治勢力が政府の中枢にいて、意図的にそうした言説を流布しているからです。

一九九四年五月に羽田連立内閣の永野茂門法相（新生党）が、「私は南京事件はでっち上げだと思う」と発言（**↓巻末資料3**）して更迭されたころと大きく変わり、現在では安倍政権が中心となって、南京虐殺否定論の流布をはかっています。その政治的意図は、「南京虐殺は東京裁判において、連合国が日本を残虐な侵略国であったとみなすためにでっち上げた事件であり、事件の最高責任者として死刑になった松井石根中支那方面軍司令官は無罪であった」と主張することにより、日本の戦争を侵略戦争と断定した東京裁判（**↓Q14**）を否定することにあります。東京裁判で、南京事件が戦時国際法や人道法に反する残虐事件として裁かれたのは、それだけ国際社会に知られ、立証できる膨大な証拠資料がそろっていたからで、でっち上げられたものではありません。

南京虐殺否定論とはどういう主張か

現在の日本では、歴史家ではなく、政治家が中心になって南京虐殺否定論を主張し、流布しようと政治運動をしていますので、その事例をいくつか紹介します。

二〇一三年四月一〇日の衆議院予算委員会で、自民党の「日本の前途と歴史教育を考える議員の会」（教科書議連）の事務局長であり、自民党の「教育再生実行本部」の副部長でもある西川京子議員（同年九月より文部科学副大臣）は、『アサヒグラフ』（一九三八年一月二六日号）の掲載写真を提示しながら、おおよそ以下のように発言しました。

「南京虐殺があったとされる一九三八年一月一日に南京に中国人自治会ができ、中国人が日の丸を振って日本軍を歓迎しており、虐殺などなかった証拠です。日本に厳しかった『ロンドン・タイムズ』『ニューヨーク・タイムズ』も当時一行も南京虐殺について報道していません。国際連盟議事録を調べた結果、一九三八年一月の国際連盟理事会で中国代表の顧維鈞が『南京で二万人の虐殺と数千の女性への暴行があった』と演説して、国際連盟の行動を要求しましたが、採択されませんでした。顧維鈞代表が訴えても無視されたのは、国際連盟が南京虐殺を認めなかった証拠です。したがって、南京で行われたのは、通常の戦闘行為の以上でも以下でもなかったというのが結論です」

自民党は、安倍晋三（現首相）が事務局長、下村博文（現文科相）が事務局次長となって、「日本の前途と歴史教育を考える若手議員の会」（後に「若手」を削除）を結成し、中学校歴史教科書から「従軍慰安婦」問題や南京事件をはじめとする侵略・加害の記述を削除・修正させるために、さまざまな教科書攻撃をおこなってきました。この「教科書議連」は、のちに中山成彬会長、西川京子事務局長のもと「南京問題小委員会」を発足させ（二〇〇七年二月）、同年六月一九日に「南京問題小委員会の調査検証の総括」を発表しました。西川議員の発言は、それにもとづいたものです。

西川議員の発言の誤りは、少しでも歴史を勉強していれば容易にわかることです。日中戦争当時、日本の新聞が南京虐殺の報道をすることは、政府・軍部の厳格な報道統制と検閲のために不可能でした。また西川議員は新発見史料と吹聴して、国際連盟が非難行動をしなかったのは南京虐殺を認めなかったからだと主張しましたが、ナチス・ドイツのヨーロッパ制覇の危機に直面していた英仏が（アメリカは連盟に加盟していなかった）、対日非難や対日制裁行動を実行する余裕などなかったことは、世界史を少しでも勉強していれば理解できることです。アメリカでは南京事件発生と同時に『ニューヨーク・タイムズ』をはじめとして広く報道されたので、アメリカ国民は抗議と非難の対日ボイコット運動を開始、それが対日経済制裁へと発展し、やがて日米開戦にいたったのです（笠原十九司『日中全面戦争と海軍——パナイ号事件の真相』青木書店）。

犠牲者の「数の問題」にすり替える否定論

西川議員が南京虐殺否定発言をした同じ予算委員会で、中山成彬議員（日本維新の会）も、以下のような否定発言（大意）をしました。「南京虐殺については、国会議員の自分たちが史料を収集して研究しました。当時の南京の人口は、日本軍の占領後に二〇万人から二五万人と増えているので、三〇万人虐殺はあり得ません。南京虐殺があったというウソが世界に広まったのであり、日本は宣伝戦に負けてしまっている。『自虐教科書』の記述は左翼思想の学者の歴史書に依拠しているためです」

この主張はもっとも広く流布されている否定論ですが、南京城内につくられた国際安全区内に居住した市民・難民の数を、南京市全体の人口とすり替えています。実際には、日本軍占領前の南京城内には約五〇万の市民・難民がいました。行政区としての南京市には近郊六県も含まれ、城内と県部を合わせると一〇〇万人以上の住民が残っていました。さらに、先述の通り中国軍兵士・軍夫が約一五万人いて、虐殺の犠牲になりました。この否定論は、こうした事実をまったく無視するものです。

中山議員は「教科書議連」発足時の副代表で、のちに代表も務め、第二次・第三次小泉内閣の文科相となり、中学校歴史教科書に記述されていた三〇万人、二〇万人、一〇万人などの犠牲者数を「確定する根拠がない」などの理由で削除させる教科書攻撃の推進役を担いました。その結果、現在の歴史教科書は「多数の犠牲者」とのみ記さざるをえなくなっています（→巻末資料1）。

自民党の「教科書議連」に加え民主党など他の政党の国会議員も参加した「超党派・教科書議連」（二〇〇一年六月結成）は、文科省幹部を呼びつけて「南京の犠牲者数は限りなくゼロに近いという説」も教科書に掲載させよ、「南京大虐殺まぼろし論」も学説だから両論併記で記述させよ、検定基準の「近隣諸国条項」（→巻末資料2）をなくせ、などと迫ったりしました。現在、安倍内閣の閣僚一九人のうち九人も教科書議連のメンバーがいます。

南京事件の犠牲者総数が厳密に「確定」できないのは、ひとつは南京戦に参加した日本軍部隊の戦闘詳報、陣中日誌などの大半が、敗戦前後に連合軍の追及を恐れた軍部の命令により、証拠隠滅のために焼却されてしまったこと、もうひとつは南京事件から日本敗戦の一九四五年八月までの七年半、南京は日本軍の占領下におかれたので、中国の南京市政府や中国人機関が犠牲者数を調査できなかったことにあります。否定派は、数の厳密な「確定」が不可能なのを利用して、南京虐殺の事実自体も証明できないかのように問題のすり替えをしています。

安倍政権は、次の教科書検定から、政府見解にもとづいて記述させるように検定基準を改定（→巻末資料2）しましたが、西川議員の発言のように「南京で行われたのは、通常の戦闘行為の以上でも以下でもなかった」ので「南京虐殺はなかった」と記述させるように圧力をかける可能性も出てきました。

（笠原十九司）

文献①　**笠原十九司『南京事件』**（岩波新書、一九九七年）
②　**笠原十九司『南京事件論争史』**（平凡社新書、二〇〇七年）
③　**南京事件調査研究会編『南京大虐殺否定論 一三のウソ』**（二〇一二年、柏書房）

Q7

「アジア太平洋戦争はアジア解放のための戦争だった」?

議員のなかに受け継がれている「大東亜戦争」肯定論

「日本は米英と戦ったのであって、アジアの国々と戦ったのではありません」「満州国ができたときに『五族共和』という旗印があった。……アメリカとの戦争に入っていって『大東亜共栄圏』をつくるんだとなった。東亜の安定です。アジアの方々は白人の植民地になっている、生活の安定のために解放してあげなきゃならない、これも一つの旗印になってきた。結果的には、負けたけども、アジアはみんな独立した」「白人優位の世界秩序が壊れてきたと思います。平等な秩序に変わりつつある。それには日本の役割が大きいと私は誇りに思っているんだ」

これは、『世界』一九九五年五月号に掲載されたアメリカのジャーナリストとの対談での、自民党の奥野誠亮議員の発言の一部です。敗戦から五〇年を迎えたこの年、自民党・社会党・新党さきがけ三党の連立で成立していた村山富市内閣が、アジアへの侵略の反省と謝罪を含む「戦後五〇年国会決議」に取り組みました。それに対し、与党であった自民党のなかにこの決議に反対する議員連盟がつくられ、奥野議員は会長として運動の先頭に立っていました。

この年の八月一五日に村山首相は談話を発表し（↓**巻末資料4**）、「痛切な反省の意」と「心からのお詫びの気持ち」を表明しています。しかし、奥野議員は前記発言が示すように、日本の戦争についての村山談話の認識を全面否定しています。「戦後五〇年国会決議」採択に際しては、連盟に属す四〇名ほどの議員とともに国会を欠席して、与党間で合意された決議案に反対の意思を示しました。現在首相の安倍晋三議員は、この当時三〇歳代の若手のホープとして、国会決議に反対する議員連盟の事務局次長を務め、奥野議員と行動をともにしています。安倍氏はその後首相となり、村山談話の見直しを念願としていることを示してきました。

アジアの解放ではなく、重要資源獲得がねらいだった

「日本がアジアを解放した」という考えは何を根拠としているのか、実際にはそこにどういう事実があったのか、東南アジアを例に検証してみましょう。

一九四三年、日本が中心となり、アジアの六つの「政権」の指導者を集めて東京で「大東亜会議」が開かれ、「大東亜共同宣言」が発表されました。これはその一部です。

> 米英は、自国の繁栄の為には他国家他民族を抑圧し特に大東亜に対しては飽くなき侵略搾取を行い、大東亜隷属化の野望を逞《たくまし》うし遂には大東亜の安定を根柢より覆さんとせり。大東亜戦争の原因茲《ここ》に存す。
> 大東亜各国は相提携して大東亜戦争を完遂し大東亜を米英の桎梏《しっこく》より解放して、其の自存自衛を全うし左の綱領に基き大東亜を建設し以《もっ》て世界平和の確立に寄与せんことを期す。
> （現代仮名づかいに改めた）

「米英がアジアの民族を抑圧し、侵略搾取を続けてアジアの隷属化をはかってきた。『大東亜戦争』の原因はこ

こにある」「アジア各国は提携してアジアを米英のくびきから解放して、世界平和の確立に寄与しよう」という
この宣言は、この戦争がアジア解放の戦争だったという人たちがよく引用するものです。

しかし、一九四一年の開戦の詔書では、日本の自衛のための戦争だといい、アジア解放のためという目的はかかげていませんでした。しかも、この大東亜会議に参加したのは、満州国、中国の汪兆銘政権、インドのチャンドラ・ボースの仮政権などでした。いずれも、日本と結ぶことでみずからの政権を維持しようとする日本の傀儡《かいらい》政権で、その国を代表する政権といえるものではありませんでした。これらの政権は、日本の敗戦とともに、それぞれの国で消滅しています。

アジア解放どころか、そもそも中国への侵略戦争が行き詰まり、資源が不足したために、逆にドイツの初戦勝利の勢いに乗って、アジアに勢力を広げようとしたのが実態でした。東南アジアへの戦争の本当の目的は「南方占領地行政実施要領」（一九四一年）によく示されています。この文書は、一二月初旬には武力発動をするという方針を決めた政府が、そのために必要な南方に対する作戦の基本として、一一月二〇日に確認したものです。

> 第一　方針
> 占領地に対しては差し当り軍政を実施し治安の恢復、重要国防資源の急速獲得及作戦軍の自活確保に資す（占領地に対してはさしあたり軍政をしく。その目的は、治安を安定させて、石油、ゴム、ボーキサイト、錫《すず》など重要国防資源を急いで獲得し、日本軍が自活できるようにするためである）
> 第二　要領
> 二　占領地に於《おい》て開発又は取得したる重要国防資源は之を中央の物動計画に織り込むものとし作戦軍の現地自活に必要なるものは右配分計画に基き之を現地に充当するを原則とす（占領地で開発したり獲得し

たりした重要国防資源は、すべて日本本国の「物動（物資動員計画）」に組み込み、現地で作戦軍が必要とするものは、この計画にもとづいて現地に割り当てる）

七　国防資源取得と占領軍の現地自活の為民生に及ぼさざるを得ざる重圧は之を忍ばしめ宣撫《せんぶ》上の要求は右目的に反せざる限度に止《とど》むるものとす（日本が国防資源を得たり現地軍が自活をすることは現地の人々に負担を強いることになるが、その重圧はできるだけ我慢させる。解放する、独立させるなどの宣伝は、資源獲得の目的に反しない程度にとどめる）

一〇　現住土民に対しては皇軍に対する信倚《しんき》観念を助長せしむる如く指導し其の独立運動は過早に誘発せしむることを避くるものとす（現地の人々に対しては、日本軍への信頼感が増すように指導し、独立運動の働きかけを避けるようにする）

（現代仮名づかいに改めた。カッコ内は現代語訳）

さらに、大東亜会議の直前の一九四三年五月に御前会議で決定された「大東亜政略指導大綱」という文書が明らかになっています。そこには、重要資源の供給地であるマレーとインドネシア（スマトラ・ジャワ・ボルネオ・セレベス）は「帝国（日本）領土と決定」すると記されています。そして、このことは発表せず、「当分軍政を継続し「原住民の民度」に応じて政治にかかわらせることだけ公表し、独立への期待をもたせています。

ここから明らかになるのは、南方占領の目的は、あくまでも日本軍が資源を獲得し、戦争を有利に展開するためで、この地域を欧米から独立させるためではなかったことです。

日本軍政下の実態とアジアの人々の声

日本の東南アジア占領を研究している倉沢愛子氏は、次のような事実を紹介しています（**→文献③**）。

①日本の戦争物資を提供させせられることで、その地域のそれまでの経済のあり方がゆがめられた。衣料品を輸入に頼っていたインドネシアでは、輸入が途絶して衣料が不足し、日本支配の末期には麻の米袋をほどいて衣料としてしのいだ。ベトナムなどでは日本軍のために食糧が大量に徴発され、住民のあいだで飢餓が広まった。

②現地の飛行場や鉄道建設などのための強制労働に人々が駆り出された。インドネシアでは、いまでも強制労働という意味で「ロームシャ」という単語が辞書に残され、労働力徴用の記憶が継承されている。

③戦争に協力させるため、日本は教育や宣伝を重視した。学校では日本語を教育し、勤労奉仕や軍事教練も実施して日本精神をたたき込もうとした。映画や演劇、歌が政治宣伝に利用され、出版物は日本当局が検閲した。こうした啓蒙・宣伝にもかかわらず、マニラやフィリピンなど各地で反日運動が発生した。

東南アジア各地で、冒頭の奥野誠亮議員の発言などは厳しく批判されました。一九九五年に『バンコクポスト』紙の社説は次のように述べています。「右派勢力はまた、日本は西欧の植民地支配からアジアを解放してきたのだから、賞賛されるべきだと論じてきた。アジアのほとんどの人々は、こうした主張に腰をぬかすに違いない」「満州からビルマ、さらに広きにわたるアジアの国々への日本の侵略は、抑圧的であり、不道徳であり、野蛮なものであった」「大日本帝国が植民地支配と戦う天使であったと主張する日本人は、謝罪をなすべきところで、単に弁解をしているにすぎない」

事実をきちんと学んで、こうした声を受けとめたいものです。

（丸浜昭）

文献①　山田朗『日本は過去とどう向き合ってきたか』（高文研、二〇一三年）
②　内海愛子・田辺寿夫『アジアから見た「大東亜共栄圏」』（梨の木舎、一九八三年）
③　倉沢愛子「日本の東南アジア占領」（『歴史地理教育』八〇八号、二〇一三年八月）

Q 8

「アジア太平洋戦争はやむをえない戦争だった」?

『大東亜戦争肯定論』もあった

「アジア太平洋戦争はやむをえない戦争だった」と主張した林房雄の『大東亜戦争肯定論』は、一九六四年に出版されました。その本が二〇〇一年に復刻されたとき、『図書新聞』(二〇〇一年一一月一〇日)はこの本を大略次のように紹介しています。日本の近代史では戦争は避けられなかった。日本は、明治維新以来、一九四五年八月一五日の敗戦にいたるまで、欧米諸国に抗して急速に近代国家を形成するために、避けることのできない戦争を戦ってきたのであり、四一年一二月八日に始まるアジア太平洋戦争(林のいう「大東亜戦争」)は、その全過程の帰結だった。この過程で起こった韓国併合や中国大陸、東南アジアへの侵略は、欧米諸国への対抗のためであり、そこにはアジア民族解放の契機を含んでいた。そしてこの原動力は経済的要因ではなくナショナリズムであり、そのもっとも重要な要点は「武装した天皇制」だった。日本の近代化を評価するのであれば、欧米帝国主義との戦争は避けられなかったことを認めるべきであり、その最後のアジア太平洋戦争(「大東亜戦争」)は、敗北が予見されていたにもかかわらず、戦わなければならなかった、というのです。

この論理は、日本の近代化と戦争を一体のものととらえ、日本の侵略戦争を正当化しているのであり、その後もさまざまなところで継承されていきます。

近年では、自民党の高市早苗政調会長が、二〇一三年五月一二日に放映されたNHKの番組で、日本の過去の植民地支配と侵略を認めた村山談話（→巻末資料4）のなかに「国策を誤り」という一節があることにふれ「当時、日本が資源封鎖されてもまったく抵抗せずに、植民地となる道を選ぶのがベストだったのか」と述べました。さらに、日本の指導者の責任を追及した極東国際軍事裁判（東京裁判）について「国家観、歴史観に関し安倍晋三首相は歴代内閣と違った点もある」という趣旨の発言をして、日本による侵略戦争であったということを事実上否定しています（『産経ニュース』二〇一三年五月一二日）。

また、「新しい歴史教科書をつくる会」系の教科書では、満州事変以来の一五年戦争は、軍部の独走とそれへの国民の支持、中国の抗日運動によって引き込まれた日中戦争、アメリカなどによる経済封鎖に迫られて開戦したアジア太平洋戦争という構図になっています。とくにアジア太平洋戦争に関しては、日米開戦の理由を「ABCD包囲網」という経済封鎖と、中国からの無条件即時撤退を要求するアメリカのハル・ノートによって、日本政府は開戦を「決意せざるをえなくなった」と書いています。日本に開戦の責任はなく、やむをえなかったとしているのです。

日本の近代史では戦争はやむをえなかったたか

日本の近代史を見ると、一〇年ごとに戦争をしています。幕末の一八六四年にはイギリスの主導する四国連合艦隊と交戦する下関戦争があり、一〇年後の一八七四年には、徴兵制による軍隊を派兵した台湾出兵をおこなっています。一八八四年には朝鮮での甲申政変に関与し、一八九四年にははじめての大規模戦争である日清戦争をおこないます。その一〇年後の一九〇四年には日露戦争があり、さらに一九一四年には第一次世界大戦に参戦しました。第一次世界大戦は長期戦で、一九一八年までかかりました。ここから一〇年後の一九二八年には済南事件、張作霖爆殺事件を起こし、中国侵略を本格化させます。ここから一五年戦争の始まる一九三一年まで、三年しかありません。日本の近代史は戦争の連続だったのです。

しかし、これらの戦争は、やむをえない戦争だったのでしょうか。最初の海外出兵である台湾出兵も、沖縄の領有権をめぐって中国と対立があり、国内では朝鮮への対応をめぐって「征韓論」で政府内に対立があるなど、複雑な情勢のなかで実施されたのです。日露戦争のときも、日本の政府内では小村寿太郎、桂太郎、山縣有朋らの対露主戦派と、伊藤博文、井上馨《かおる》ら戦争回避派との論争がありました。民間では戸水寛人《とみずひろんど》ら七博士の開戦論があり、『万朝報《よろずちょうほう》』での幸徳秋水らの非戦論があるなど、議論がありました。第一次世界大戦でも、国内では悪税廃止運動が起こっていて、当時の大隈内閣は窮地におちいっていました。元老の井上馨が「大正新時代の天祐」だと山縣有朋や大隈首相に手紙を送ったように、国内政治の混迷を、戦争によって乗り切ろうとしたのです。決して、やむをえない戦争ではなかったのです。

アジア太平洋戦争の開戦経緯

一九四一年一二月開戦のアジア太平洋戦争は、「日本が資源封鎖されてもまったく抵抗せずに、植民地となる道を選ぶ」というような対立のなかで開戦されたのでしょうか。

アジア太平洋戦争は、一九三一年九月に始まる満州事変、三七年七月からの日中戦争、そして四一年一二月からのアジア太平洋戦争と、大きく区分すれば三つの戦争からなる一五年戦争のなかのひとつの戦争です。アジア太平洋戦争だけをとりあげるのでは、戦争の全体像が見えないのです。

では、この一五年間の戦争は、連続して必然的に拡大していった戦争だったのでしょうか。歴史学者の江口圭一は『十五年戦争小史』で、「満州事変が不可避的に日中戦争になり、さらに日中戦争が不可避的にアジア太平洋戦争となって、一五年におよんだとするものでもない。満州事変自体がきわめて強引に開始され拡大された戦争であった。そしてその後も、日本の為政者ないし戦争指導者のさまざまな抗争・対立・妥協・協力を通じて、さまざまの可能性や余地のなかからある一つの政策が選択・遂行され、その結果として、満州事変が日中戦争に連なり、さらにアジア太平洋戦争へ拡大し、結局一五年にもわたったのである。それはあくまで人為の所産と選択の結果であり、また曲折にみちた過程であって、宿命的・直線的なものであったのではない」と書いています（→**文献①**）。

アジア太平洋戦争の開戦経緯を見ても、この指摘は的を射ています。一九四一年には、開戦を決定するまでに四回もの御前会議が開かれています。御前会議とは、天皇の前で開かれる、当時の最高の政策決定会議です。戦争まで紆余曲折《うよきょくせつ》のあったことをうかがわせます。

その第一回目は七月二日の御前会議です。このときは日米交渉の最中でしたが、「情勢の推移に伴う帝国国策要綱」が決定されています。一方では日独伊三国同盟を結んでおり、他方では独ソ戦争が始まっていて、ドイツが有利に戦争をすすめていました。この情勢を受けて、対英米戦を覚悟して南方進出を決定し、独ソ戦争の推移によって対ソ戦争を開始するという、南北併進の方針を決定しました。そして、七月二日に七〇万もの軍隊を動員して関東軍特種演習を発動し、七月二八日に南部仏印（現在のベトナム）へ軍をすすめたのです。このために、日米交渉は行き詰まり、アメリカは日本への石油輸出を全面的に停止しました。

第二回目の御前会議は九月六日に開催され、「帝国国策遂行要領」を決定しました。ここでは、一〇月上旬になっても日米交渉がまとまらない場合は、ただちに開戦を決意すると決定したのです。会議の前日、近衛首相が天皇にこの内容を伝えると、天皇は不安になって杉山元《はじめ》参謀総長と永野修身海軍軍令部総長を呼び出し、「絶対に勝てるか」と念を押しています。天皇も本当に勝てるのか不安だったのです。参謀総長の答えは要領を得ないものでしたが、天皇は「ああ分かった」と言っています（↓文献④）。この決定は、実質的に開戦を決意したに等しいものでした。このような重要な決定は国民には知らされず、国民には英米による「対日包囲網」「ABCD包囲陣」が存在していると宣伝されました。対英米開戦を正当化する論理です。

この後の経緯は藤原彰『太平洋戦争史論』にも詳しく書かれています（↓文献②）。一〇月下旬になって、近衛首相は日米交渉に期待をかけ、陸軍大臣の東条英機は交渉打ち切りを主張しました。アメリカの要求は中国・仏印からの撤兵でした。東条陸相は中国などからの撤兵を拒否しましたが、その理由は、撤兵すれば「陸軍がガタガタになる」というものでした。国家の安全より陸軍の体制維持を優先したのです。この後、近衛首相は退陣します。後任に東久邇宮稔彦王が推されましたが、木戸内大臣は「日米戦は……相当悲観的に考へて居つたので、其の場合には皇室は国民の怨府」になるという理由でこれを拒否し、開戦派の東条陸相を首相に推薦します。この決定に天皇は、「所謂《いわゆる》虎穴に入らずんば虎児を得ずと云ふことだね」と木戸内大臣に話しました（↓文献③）。

アジア太平洋戦争の開戦決定は、日中戦争の成果を護持しようとして中国からの撤兵を拒否し、軍部の存在と機構を守るために国家・国民を道連れにしたものであり、皇室の安泰を優先して戦争を回避しなかった天皇の無責任の結果でした。当時の天皇の権能をもってすれば、十分に戦争を回避できたのです。決してやむをえない戦争ではなかったのです。

（君島和彦）

文献①　江口圭一『新版　十五年戦争小史』（青木書店、一九九一年）
②　藤原彰『太平洋戦争史論』（青木書店、一九八二年）
③　木戸日記研究会編『木戸幸一日記・下』（東京大学出版会、一九六六年）
④　参謀本部編『杉山メモ（上）』（原書房、二〇〇五年）

Q9 「日本は植民地(台湾・朝鮮)でいいこともした」?

くりかえされてきた、植民地支配の責任を認めない発言

「日本は韓国や台湾で、いいこともしてきたのだから、いつまでも植民地支配の責任を問われるのはおかしい」という主張があり、こうした発言が政権与党の中枢にいる政治家からもくりかえされています。巻末資料で紹介している一九九五年の江藤隆美総務長官発言もそのひとつです。二〇〇三年には麻生太郎自民党政調会長(当時)が「創氏改名は朝鮮人が望んだ」、二〇一〇年には石原慎太郎東京都知事(当時)が「日本がやった植民地主義は人道的で人間的だった」等という発言をしています(↓巻末資料3)。

これらを事実に照らして確認してみましょう。

暴力、蔑視、差別の上になされた朝鮮の植民地統治

第一に、よいこともしたという人は、日本の植民地統治がもった暴力性をまったく無視しています。初期の「武断統治」の象徴は、朝鮮全土に網の目のように置かれた憲兵警察制度でした。日本の統治に抵抗する義兵の掃討が大きな課題だったからです。朝鮮人を未開民族と見る偏見の上に、日本人には適用しない「笞刑《ちけい》」(むち打ちの刑)を含めて「犯罪即決」が認められ、日常生活上の行為までが罰則の対象とされ、たとえば貧困ゆえの徘

個や乞食も認められませんでした。朝鮮に居住する日本人は、憲兵警察はもとより一般の官吏や教員までが、制服の着用とサーベルの帯剣を義務づけられ、憲兵や官吏は近世の武士のような存在だったと、趙景達《チョギョンダル》『植民地朝鮮と日本』は記しています。また「（一般の）日本人が朝鮮人を殴りつけるのは、ありふれた日常的光景であった」とも記しています（**→文献①**）。日本の統治は三・一運動をへて「文治政治」に変わったとされますが、朝鮮人蔑視の上に立つ暴力的性格は、その後も底流で続いていました。関東大震災時の朝鮮人虐殺事件（**→コラム1**）も、こうしたなかで起きたことです。

　第二に、日本が「鉄道や道路を造った」「土地制度を定めた」「工場を造った」などの主張を見てみましょう。近年の韓国経済の急速な発展のもとは、日本が植民地支配のなかでもたらした「近代化」にあるという見解をめぐっては論争があります。これを考える上で、次のような事実が重要です。

①道路はもっぱら軍用で、最大の砲車がすれ違える道幅が必要とされた。それは机上のプランで恣意的に描かれたため「鉛筆道路」といわれ、そこに人家があれば容赦なく立ち退きさせられた。

②道路・鉄道工事は戸毎に人員を割り当てられ、人夫に代わるお金を払えない貧しい家は応ぜざるをえなかった。現場まで行くのも食費も自弁で、真冬に穴を掘って自炊しながら露宿する農民も珍しくなかった。遅延があれば笞刑に処せられることも珍しくなかった。

③総督府が力を入れて巨費を投じた土地調査事業で、朝鮮における近代的土地所有が確立した。その目的は租税収入を安定的に確保するためで、総督府としては、地税負担者が確定すればよいというものだった。農民に土地私有の観念やその手続きが理解されていないなかで、事業は地主に有利にすすめられ、農家戸数の七～八割が小作・自小作となった。日本人の土地所有は一九一〇年と比べて三・四倍となった。

こうした事実は、これらの取り組みが、朝鮮の社会のため、人々の生活を向上させるためにおこなわれたもの

表　植民地支配下の朝鮮の状況

		日本人	朝鮮人
①伝染病死亡率		33％	67％
②乳児死亡率	男児	8.5％	20.6％
	女児	7.4％	20.0％
③平均寿命	男性	44.9 歳	34.1 歳
	女性	45.1 歳	37.2 歳

①は 1924 年仁川、②は 1931 ～ 35 年京城、③は②と同時期と記されている。
（出所）趙景達『植民地朝鮮と日本』（岩波新書、137 ページ）

ではなく、朝鮮を日本が利用するためにおこなったものだったことを示しています。前述した「暴力性」が、さまざまなかたちでともなっていることにも目を向けたいところです。

それでも、数字を挙げれば、朝鮮でいわゆるインフラ整備等の近代化がすすみ、のちの資本主義発展の基盤になったというつながりを見ることはできるでしょう。しかし、ここで重要なことは、こうした「近代化」が、植民地ゆえの民衆の惨状をともなっており、数字で示されることだけを切り離してプラスの評価をすることはできないという指摘です。趙景達の前掲書は、都市のきらびやかな近代文化の陰にあった、深刻な農村の貧困の問題などを記しています。

「ボロ服を着て雑穀を食し、時々の賃労働や藁細工などで、家族寄せ合うように生きていく農家の姿はありふれた光景であった。食糧が尽きて春に窮し、草根木皮などを食する春窮農民が増大した。（一九）三〇年当時、春窮農民は全農家の四八・三％に達している。……実は、春窮農民の存在は王朝時代からあった。しかし、春窮農民が過半にも達するというのは異常事態である。春窮農民は、植民地朝鮮では風物詩のようなものであった」「近代化は、医療と衛生を随伴する。総督府は、これについて必ずしも怠慢だったわけではない。……だが、日本人と朝鮮人の罹患率や死亡率など（表参照）は相当に違っていた」「この数字は、近代の『恩恵』が宗主国民と植民地民とで、いかに不平等に付与されたかを物語っている」

ここでは、植民地下での「近代化」といわれる経済基盤の整備や都市化が、こうした農村の人々の生活状況と一体だったことを示しています。「近代化」を、こうした内実を含めてとらえることが重要です。

第三に「創氏改名」について見てみましょう。日本の姓（氏）は家を単位とするもので、結婚すると男女どちらか（多くの場合女性）が姓（氏）を変えて家に入るかたちになります。一方、朝鮮の姓は血筋を示すもので、結婚をしても女性は姓を変えず、血筋をそのまま示します。日本と朝鮮では、名前のもつ意味が根本的に異なります。創氏改名は氏を創る、つまり日本的な家をつくることで、戸籍には旧来の姓が残されましたが、この大きな変化を押しつけられることが、朝鮮の人々にとって好ましいものでないことは当然のことです。

新しく氏を創ること（創氏）は届け出制で、最終的には八〇％に達したことをもって「自発的だった」という解釈がありますが、その背景には、届け出がすすまない状況のなかで、総督府が地方行政を通じて届け出実施を強力にすすめた事実が明らかにされています。また満州などで、差別される朝鮮名から日本名への変更を望む朝鮮人の声が創氏改名実施の背後にあった（創氏改名を朝鮮人が求めた）というとらえ方もありますが、その背景には、植民地統治下での貧困から逃れるために、やむをえない状況に追い込まれていたことがあります。もともと日本名への変更を好んで望んだわけではない状況を無視し、因果関係を曲解するものです。さらに、創氏改名の背後にある、朝鮮人を日本化することをめざす皇民化政策の非人間性をとらえる必要があります。

台湾は、日本の植民地統治がよかったから親日的なのか

台湾は、日清戦争後の下関条約で清から日本に「割譲」されました。その際、台湾に住んでいた人々が台湾民主国の独立を宣言し、日本の統治に反対したことに対し、日本は軍隊を送ってそれを押さえつけ、台湾を征服しました。日清戦争で軍を指揮した大本営がそのまま残され、日清戦争をわずかに下まわるだけの犠牲者を出した、事実上の征服戦争でした。

その後も続く台湾の人々の抵抗を、日本は「土匪《どひ》」と呼び、軍事・警察力で押さえつけました。「犯罪即決」

による植民地での暴力的支配は一九〇四年に台湾で始められています。一九三〇年には、日本の支配に反対して台湾の一部族が起こした霧社《むしゃ》事件に対し、一二三六人中生き残ったのは五六四人という大弾圧をしています。

日本人がかかわった治水の整備や、蓬莱米《ほうらいまい》という新種の導入で米作が大きく発展しましたが、収穫増の結果の米は低価格で日本に輸出され、台湾人はむしろ以前より米を食べられなくなりました。甘藷《かんしょ》栽培にもとづく製糖業では、近代的工場が建設されると圧倒的に日本人資本によるものとなり、台湾人は経営権を失う者が相次ぎました。製糖業だけでなく、日本人が掌握した企業で台湾人が重いポストに就くことはまず不可能で、台湾に本社をもつところでも、支店長や課長を見いだすことさえ困難で、圧倒的多くは平社員だったといいます。

日本がよい統治をした例として、一九四三年の台湾の義務教育普及率が七〇％に及んでいたというようなことがよく挙げられます。しかし、教育の基本は日本語の強制、天皇崇拝や神社参拝をともなう皇民化教育であり、また、台湾人蔑視と、進学などさまざまな場面での差別をともなうものでした。

台湾は戦後、複雑なあゆみをたどることになります。一九四九年に中国革命が起き、台湾には中国大陸から逃げ込んだ国民党の人々を中心にした「中華民国」が成立しました。この国民党政権の統治は、台湾の人々にとって過酷なものでした。一方、中華人民共和国を敵視するアメリカの政策のなかで、中華民国と日本の政財界などとのあいだに特別な関係が形成されていきます。さらにその後、中華人民共和国の国際的な承認がすすみ、今日の台湾へと至ります。台湾に親日派が多い状況は、この戦後の複雑なあゆみのなかで生まれました。日本が植民地統治でいいことをしたから、台湾が現在も親日的だというわけではありません。

（丸浜昭）

文献①　趙景達『植民地朝鮮と日本』（岩波新書、二〇一三年）
②　三橋広夫『これならわかる台湾の歴史Q＆A』（大月書店、二〇一二年）

Q 10

「「慰安婦」について、軍や官憲による強制連行を示す記録はない」？

くりかえされる「強制ではなかった」という政治家の発言

「官憲が家に押し入っていって人を人さらいのごとく連れていくという、そういう強制性はなかった」「慰安婦狩りのような強制性、官憲による強制連行的なものがあったということを証明する証言はない」この言葉は二〇〇七年、第一次安倍内閣のときの、参議院予算委員会での安倍首相の発言です。また、同年六月一四日付のアメリカ『ワシントン・ポスト』紙に、自民党や民主党の政治家によって「慰安婦」の強制性を否定する意見広告が掲載されました。「慰安婦」は強制的に連れてこられたのではないということをはじめとして、「慰安婦」制度の真実をねじ曲げようとする発言が、政治家によってくりかえし主張されてきました。実際はどうなのでしょうか。

「慰安婦」にさせられた女性たち

「慰安婦」とは、一九三二年の第一次上海事変から四五年の日本の敗戦までの期間に、日本の陸軍と海軍が（間接的・直接的に）戦地や占領地につくった「慰安所」に入れられ、日本の軍人・軍属の性の相手をさせられた女性たちを指します。「慰安」というのは、本来は「慰《なぐさ》めて心を安らかにする」ということですから、実態とはまったく異なっていることがわかります。

「慰安婦」にされた人たちは、朝鮮人だけでなく、内地から連れて行かれた日本人や台湾人、中国人、東南アジアの人々やオランダ人などの若い女性たちで、沖縄の人もいました。比率でいうと、日本人以外が圧倒的でした。

日本が当時も加入していた国際条約（「醜業を行わしむる為の婦女売買禁止に関する国際条約」および「婦人及児童の売買禁止に関する国際条約」）では、満二一歳未満の女性を売春を目的に「勧誘・誘引・拐去《かいきょ》」することを、たとえ本人が同意していても禁止していますが、「慰安婦」にされた女性には未成年の少女も多く、台湾から一四歳の少女が広東省の慰安所に連行された事実が確認されています。また、国外に移送するために人を「略取・誘拐・売買」することは当時の日本の刑法でも禁じられていました。

中国・東南アジア・太平洋地域の戦地や占領地で女性を集める場合は、地元の「売春婦」を慰安所に入れるだけでは足りず、軍が売春経験のない女性を集めました。その方法は、市長・村長など地元の有力者に命じて集めさせる場合や、軍が直接集める場合がありました。布・食料・塩などを与えて女性を集めたり、日本の部隊が暴行・脅迫を用いて直接連行したりすることも少なくありませんでした。女性たちの多くは貧しい家庭の出身か、戦争のため苦しい生活状況におちいった女性たちで、略取（暴行・脅迫を用いて連行すること）・誘拐（だましたり、甘言を用いて連行すること）・人身売買により慰安所に入れられたことが、体験者の証言から明らかになっています。

日本が海外で戦っていたときは、その戦場に慰安所がつくられましたが、アメリカ軍が日本に迫ってくると、日本軍を配備した台湾や沖縄にも慰安所ができました。また、本土決戦用の部隊が集結した一九四五年には、南九州や四国、房総半島などにもつくられました。つまり、日本軍がいるところには、かならず慰安所がつくられたといっても過言ではありません。

連行の状態だけで強制性を判断できるのか

日本政府は、「民間業者が連れ歩いていたのであって、軍は関与していない」（一九九〇年六月参議院予算委員会）と答弁していましたが、九一年八月一四日に、韓国人の元「慰安婦」だった金学順《キムハクスン》さんが名乗りでてから、日本軍による重大な人権侵害として大きな問題となり、九三年に軍の関与と重大な人権侵害であることを認める河野洋平官房長官談話が発表されました（**→巻末資料4**）。河野談話は「慰安所における生活は、強制的な状況の下での痛ましいものであった」と明確に認めています。

「慰安婦」にされた女性が、どのようにして連れて行かれたのか、どんな状況で日々の生活を送っていたのかなどは、数々の証言や裁判資料があります。その例を紹介しましょう。金福童《キムボクトン》さんの場合は、軍服をつくる工場で働くといわれ、貨物船に乗せられて、戦地に連れて行かれています。軍人が列をなしてやってきて、暴行を受け、股間から血が出て腫《は》れ上がり、尿が出ないこともありました。自殺をはかるほどつらい日々だったそうです。「慰安婦」が兵隊の相手を拒否することはほとんど不可能でした。拒否しようとして軍人から半殺しの目にあったということを、金さん以外の被害者もたくさん証言しています。こういった証言は、被害者が戦後補償を求めて日本政府に対しておこなった裁判でも、ほとんど真実と認められました。二〇〇四年に中国人「慰安婦」に関する東京高等裁判所の判決では、認められる事実として、「日本軍が占領した地域には、日本軍人の強姦事件を防ぐ等の目的で、『従軍慰安所』が設置され、日本軍の管理下に女性を置き、日本軍将兵や軍属の性的奉仕をさせた。……日本軍構成員によって駐屯地近くに住む中国人女性（少女も含む）を強制的に拉致・連行して強姦し、監禁状態にして連日強姦を繰り返す行為、いわゆる慰安婦状態にする事件があった」と述べています。

オランダの植民地だったインドネシアのスマランでは、抑留所に入れられた若いオランダ人女性たちが、日本軍や官憲によって無理やり有刺鉄線で囲まれた慰安所に連行され、抵抗しても軍刀を突きつけられ、何度も強姦されました。このスマラン事件は戦後、オランダの戦犯裁判で裁かれ、軍人や軍属が有罪判決を受けています。強制によって連れてこられたことと、だまされて連れてこられたけれど、逃げられないなかで、日々性暴力を振るわれる状況の、どこに違いがあるのでしょうか。これまでに「慰安婦」の女性たちはたくさんの証言をしていますが、彼女たちが置かれていた状況を考えれば、連れて行かれたようすだけを見て、「強制性」があったかなかったかなどという議論が意味をなさないことは明らかです。

北朝鮮による日本人拉致被害者の場合も、暴力によって連れ去られた人もいれば、だまされて連れて行かれた人もいます。また、北朝鮮政府などが発行した拉致に関する公文書は見つかっていません。しかし、そのことで「強制性」はなかったとか、拉致ではなかったと言えるはずがありません。強制的に「慰安婦」を集めたことを立証する政府や軍隊の公文書がないということに、どれほどの意味があるのでしょう。犯罪行為をおこなう者が、自らの犯罪行為を立証する文書や証拠を残すはずがないのは当然のことです。実際、日本の敗戦後、内務省の命令によって、徹底して戦争犯罪を立証するような文書などは焼き捨てられたという当時の証言もあります。

「慰安婦」の問題の本質は、強制があったかなかったかではなく、逃げることも拒否することもできず、人間としての尊厳を奪われた状況で、女性たちが性暴力の対象となっていたということに尽きます。事実を事実として認め、そこから何を教訓にしていくのか、そして人権を踏みにじられた女性たちに対して、人権回復のためにどんな努力をしていくのか。「慰安婦」問題に向きあうときに私たちが問われていることではないでしょうか。（平井美津子）

文献①**吉見義明『日本軍「慰安婦」制度とは何か』**（岩波ブックレット、二〇一〇年）
②**林博史・俵義文・渡辺美奈『「村山・河野談話」見直しの錯誤』**（かもがわ出版、二〇一三年）
③**アクティブ・ミュージアム「女たちの戦争と平和資料館」（wam）編著『日本軍「慰安婦」問題 すべての疑問に答えます。』**（合同出版、二〇一三年）

Q11 「「慰安婦」は金をもらった合法的な公娼であった」？

女性閣僚からも出た「慰安婦」の実態をねじ曲げる発言

「戦時中は慰安婦制度ということ自体が悲しいことであるけれども、合法であったということもまた事実であるということだと思います」（二〇一三年五月二四日、内閣府HP　稲田朋美内閣府特命担当大臣記者会見要旨より）

「お金を儲けるために一番チープで安易な手段として昔からあったわけでしょ」（二〇一三年五月一四日、国会内で記者団に対しての石原慎太郎衆議院議員の発言）

この二つの発言は、いままで日本国内で「慰安婦」制度の問題を矮小化しようとする政治家などが、くりかえし主張してきたことです。当時は問題ではなかった、「公娼」制度があった、高収入を得て贅沢な暮らしをしていた――これらは本当なのでしょうか。

公娼と「慰安婦」

公娼制度とは、女性が一定の場所で売春をすることが、国や地方自治体などの公的機関の公認管理のもとに認められていたしくみのことです。公娼制度は当時の世界では当たり前だったとよく言われますが、一九世紀前半には、人身売買をともなう公娼制度に対して批判が起こり、イギリスでは一九世紀末に登録制を廃止し、アメリカでもほとんどの州で公娼制度は認められていませんでした。国や公的機関が売春を公認するということは、許されない反倫理的なことだというのがアメリカでの常識だったのです。

日本でも、一九世紀後半になるとキリスト教系の団体などが公娼制度の廃止を求め、管野須賀子など先駆的な人々が、廃娼運動に立ち上がりました。日本は一九二一年に国際連盟で採択された「婦人及児童の売買禁止に関する国際条約」に加入し、女性を売春目的で、詐欺・暴行・脅迫・権力乱用などの手段で勧誘・誘引・拐去した者への処罰が義務づけられていました。「強制労働に関する条約」(ＩＬＯ二九号条約)にも加入しており、女性に対するいかなる強制労働も禁止する義務を負っていました。そういった気運のなかで、二八年には埼玉県議会で廃娼決議がなされ、三七年には鹿児島県議会で「公娼制度廃止の件」が満場一致で決議されました。戦前においても、公娼制度そのものが著しい人権侵害だと認識されていたのです。

公娼制度と「慰安婦」制度では、ともに女性たちに居住の自由がありませんでした。管理・統制された場所に住まなければならないということも共通しています。公娼制度では、女性たちは「籠《かご》の鳥」といわれ、外出の自由が認められていませんでしたが、一九三三年から内務省は許可制をやめ、外出の自由を認めます。それは、公娼制度への外国からの批判をかわすためだったのです。これに対して「慰安婦」制度では、日本軍は外出の自由をそもそも認めていません。軍がつくった軍慰安所規定(次ページ)を見ると、「慰安婦外出の厳重取締」「慰安婦散歩は毎日午前八時より午前十時までとし」「イロイロ出張所長の許可を受くべし」など、外出の自由を認めない規定があります。

また、公娼制度では、内務省は自由廃業の規定をつくっていました。つまり、女性が辞めようと思えばすぐに辞められるという権利を認めたのです。ただし、これは実際には機能しませんでした。なぜかというと、自由廃業の規定があることを、公娼にさせられた女性たちはそもそも知らされなかったからです。知ったとしても、業

「慰安所（亜細亜会館・第一慰安所）規定送付ノ件」（1942 年 11 月 22 日）

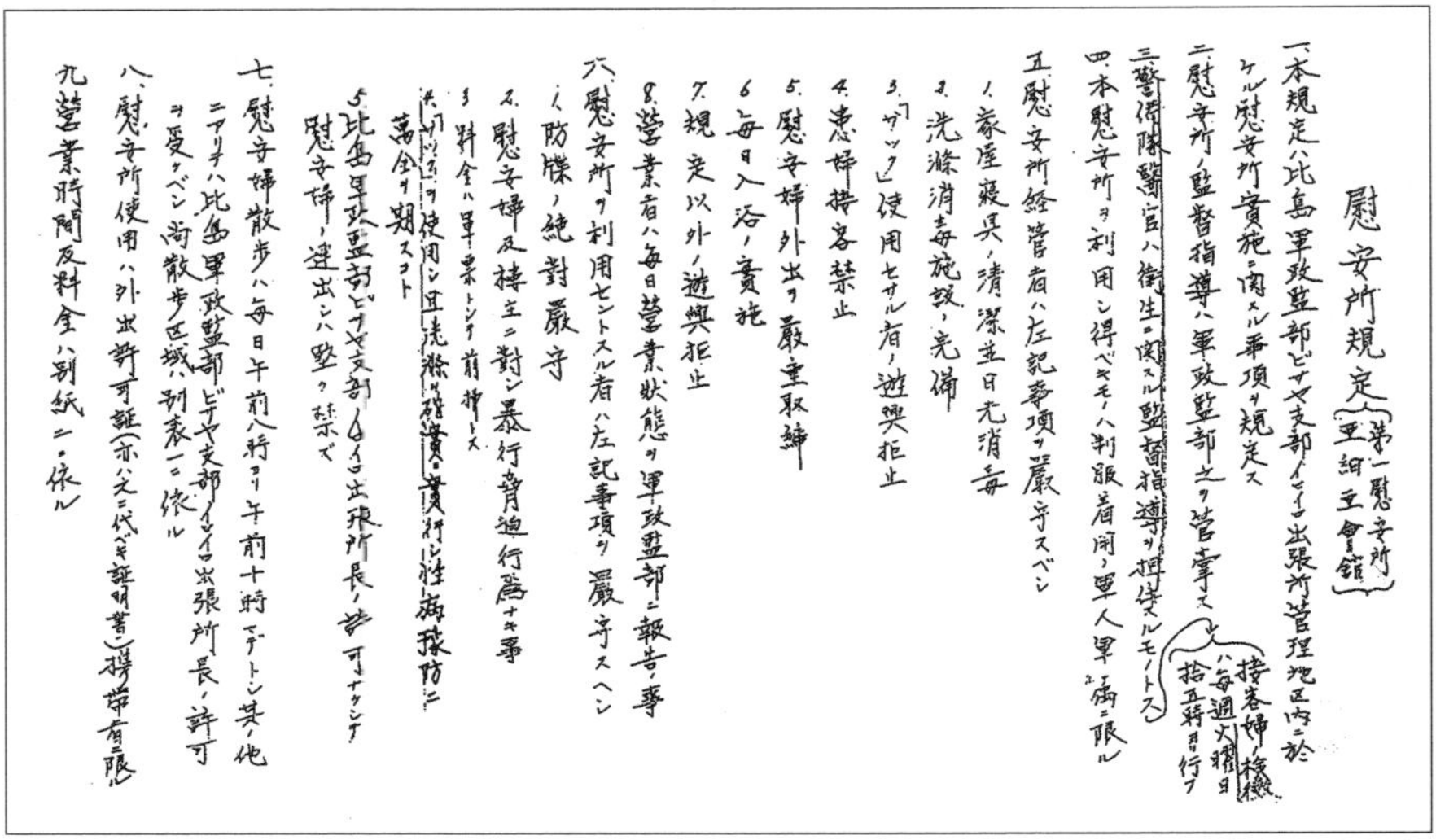
慰安所規定（第一慰安所 亜細亜会館）

一、本規定ハ比島軍政監部ビサヤ支部イロイロ出張所管理地区内ニ於ケル慰安所実施ニ関スル事項ヲ規定ス

二、慰安所ノ監督指導ハ軍政監部之ヲ管掌ス

三、警備隊医官ハ衛生ニ関スル監督指導ヲ担任スルモノトス（接客婦ノ検黴ハ毎週火曜日拾五時ヨリ行フ）

四、本慰安所ヲ利用シ得ベキモノハ制服着用ノ軍人軍属ニ限ル

五、慰安所経営者ハ左記事項ヲ厳守スベシ

1. 家屋寝具ノ清潔並日光消毒
2. 洗滌消毒施設ノ完備
3. 「サック」使用セザル者ノ遊興拒止
4. 患婦接客禁止
5. 慰安婦外出ヲ厳重取締
6. 毎日入浴ノ実施
7. 規定以外ノ遊興拒止
8. 営業者ハ毎日営業状態ヲ軍政監部ニ報告ノ事

六、慰安所ヲ利用セントスル者ハ左記事項ヲ厳守スベシ

1. 防諜ノ絶対厳守
2. 慰安婦及楼主ニ対シ暴行脅迫行為ナキ事
3. 料金ハ軍票トシ前払トス
4. 「サック」ヲ使用シ且洗滌ヲ確実ニ実行シ性病予防ニ万全ヲ期スコト
5. 比島軍政監部ビサヤ支部イロイロ出張所長ノ許可ナクシテ慰安婦ノ連出シハ堅ク禁ズ

七、慰安婦散歩ハ毎日午前八時ヨリ午前十時マデトシ其ノ他ニアリテハ比島軍政監部ビサヤ支部イロイロ出張所長ノ許可ヲ受クベシ尚散歩区域ハ別表一ニ依ル

八、慰安所使用ハ外出許可証（亦ハ之ニ代ルベキ証明書）携帯者ニ限ル

九、営業時間及料金ハ別紙ニ依ル

（フィリピン軍政監部ビザヤ支部イロイロ出張所がイロイロ憲兵分隊に送付したもの。防衛研究所所蔵）

者が妨害して警察に届け出させませんでした。運よく警察に届け出られたとしても、業者は借金を返せといいます。借金を返せない女性は、自由廃業の規定があっても、そのまま公娼を続けざるをえませんでした。これに対して、「慰安婦」制度には自由廃業の規定そのものがなく、最初から無視されています。規定のあるなしにかかわらず、公娼も「慰安婦」もともに、人間としての自由も尊厳もなく人権を著しく踏みにじられた、奴隷のような存在だったといえるでしょう。

これらのことから考えても、「合法だった」などという論理がまかり通ることはありえません。「慰安婦」という用語は、その実態を隠す用語なので、近年はカギカッコをつけて用いられています。国際的には「慰安婦」制度は、アメリカのクリントン前国務長官も明言したように「Sexual Slavery」（性奴隷制度）と表現されているのです。

お金をもらったからといって、日本軍の行為は正当化されるのか

「慰安婦」だった女性が、敗戦時に二万数千円の貯金があったという事実をとりあげて、「いい金儲けをしていた」などと宣伝されています。彼女たちは慰安所を利用する兵士から、軍票といって日本政府が発行し戦地で軍隊が軍用に使っていたお金を支払われました。一日に何十人も相手をすれば、それなりのお金になったでしょう。しかし、戦後それらはすべて紙くず同然になりました。まして、どこの誰かもわからない何十人もの兵隊から毎日強姦され、体調が悪くても休めず、ときには暴力を振るわれ、その行為がお金を支払われたからといって正当化されるのでしょうか。次のような証言があります。

「日本軍は『慰安婦』たちが言うことを聞かないとひどく殴りました。ある日、私は部屋に入ってきた将校に『体の調子が悪い』と言って相手をすることを拒絶したのですが、将校は『皇軍の言うことが聞けないのか』とどなり、連続びんたを食わせました。あまりの痛さに目がくらみ、あごががくがくしました。将校は私を押し倒して腹や胸を蹴り、しまいには軍刀のさやで額を殴りました。私のあばら骨は折れ、額からは血が流れ、とうとう私は気を失ってしまいました」(↓文献①)

ここにいる「慰安婦」が、もしあなたなら？　もしあなたの愛する恋人や妻や娘なら？　「お金をもらっていた」という言葉で、この事実を正当化できるでしょうか。強姦をした犯人が逃亡するときに、被害者にお金を投げつけたとしたら、「あなたはお金をもらったでしょう。だから強姦ではありません」と言えるでしょうか？

沖縄ではいまも

沖縄でも慰安所がつくられました。一九四四年に第三二軍が沖縄に配備されると、沖縄の女性への強姦が頻発したため、軍によって沖縄各地に一三〇カ所以上の慰安所が設置されました。このことは、軍隊が行くところに

は慰安所を置くということを、日本軍が積極的に実施したことを証明しています。
朝鮮から連れてこられた女性たちもいましたし、那覇の辻遊郭に対し、軍が「慰安婦狩り出し」を命じ、女性たちを無理やり徴集しようとしました。辻の遊女を含む沖縄出身の女性が「慰安婦」にされたという証言がたくさんあり、第三二軍司令部壕をはじめ、軍の多くの陣地壕に「慰安婦」がいたと証言されています。「慰安婦」にさせられた女性たちは、「鉄の暴風」といわれる地上戦のなか、軍隊に棄てられ、命を落とした人も少なくありません。米軍占領下でも、米兵による性暴力が頻発し、いまも沖縄では米兵からの性暴力がなくなりません。一九九五年には小学生の女子が三人の米兵に強姦され、瀕死の重傷を負いました。軍隊と女性への性暴力の問題を、戦争中の問題としてだけではなく、いまの問題としても考えることが必要です。

（平井美津子）

文献①　アクティブ・ミュージアム「女たちの戦争と平和資料館」編『証言　未来への記憶――アジア「慰安婦」証言集（Ⅰ・Ⅱ）南・北・在日コリア編（上・下）』（明石書店、二〇〇六―一〇年）
②　女たちの戦争と平和資料館（ｗａｍ）編『軍隊は女性を守らない　沖縄の日本軍慰安所と米軍の性暴力』（女たちの戦争と平和資料館、二〇一二年）

Q 12

「「慰安婦」制度はどこの国にもあり、日本だけが非難されるのは不当だ」？

波紋を広げた「慰安婦」制度を肯定する政治家の暴言

「慰安婦制度は世界各国の軍が持っていた。良いこととは言いませんが、当時はそういうもんだったんです。銃弾が飛び交う中で、命をかけて走っていくときに、そういう精神的にも高ぶっている集団をどこかで休息させてあげようと思ったら、慰安婦制度は必要なのは誰だってわかる」（二〇一三年五月一三日、大阪市役所登庁時）

「沖縄の普天間に行ったときに、司令官に『もっと風俗業を活用してほしい』と言った。真正面から（風俗を）活用してもらわないと、海兵隊の猛者《もさ》の性的なエネルギーをコントロールできないじゃないですか」（二〇一三年五月一三日夕方。『朝日新聞』報道などから要約→**巻末資料3**）

橋下徹大阪市長のこれらの発言は、日本国内のみならず、世界中に大きな波紋を広げました。橋下市長は後でさまざまな言いわけを並べ立てましたが、彼自身が「慰安婦」制度を肯定したことは疑いようのない事実です。彼の発言はなぜ波紋を投げたのでしょう。「どこの国にもあった」と言いましたが、実際はどうなのでしょうか。

「慰安婦」制度は戦時中だからやむをえなかったのか

橋下市長の発言に対していち早く反応したのが、アメリカ国務省のサキ報道官でした。「性を目的にして人身売買された女性たちの身に起きた出来事は嘆かわしく、とてつもなく重大な人権侵害であることは明白だ」（二〇一三年五月一六日）と指摘しています。日本軍が侵略・占領した地域で、日本軍兵士による多くの女性たちへの強姦が発生しました。強姦を防ぐためという名目でつくられた慰安所。しかし、ここもかたちを変えて常態化した強姦施設でした。嫌がる女性を無理やり押し込め、監禁し、何十人もの兵士が連日強姦をくりかえす。このような制度を、戦時中は仕方がなかった、必要だったとする発言は、女性を単に性の相手、戦争の道具としてしか見ていない考えのあらわれです。そして、在日米軍に対して風俗業の活用をすすめていることそのものが、女性の性を利用して軍隊をコントロールしようと考えていることをあらわしています。橋下市長の発言は、日本を代表する有数の大都市の首長の発言だけに、日本は「慰安婦」問題の解決のために正面から取り組んでいない、女性への性暴力に対する人権侵害問題に鈍感だということを、世界に発信したものととらえられました。

「慰安所」をなぜつくったのか

なぜ日本軍は「慰安所」をつくったのでしょう。そこには四つの理由があります。

ひとつ目は、戦地で日本軍人が住民を強姦するので、その強姦を防止するためです。「慰安所」を軍の施設としてつくる必要があるとする軍の考えから生まれたことを示しています。一九三八年六月、北支那派遣軍参謀長の岡部直三郎中将は、「日本軍人の強姦事件が頻発し、中国人の怒りをかっているので、急いで性的慰安施設をつくれ」と命令しています。しかし、軍が「慰安婦」制度をつくったにもかかわらず、日本軍人による戦地での強姦事件は、いっこうになくなりませんでした。お金を払ったり、長時間待たなければならない慰安所よりも、

「突撃一番」と「完勝」

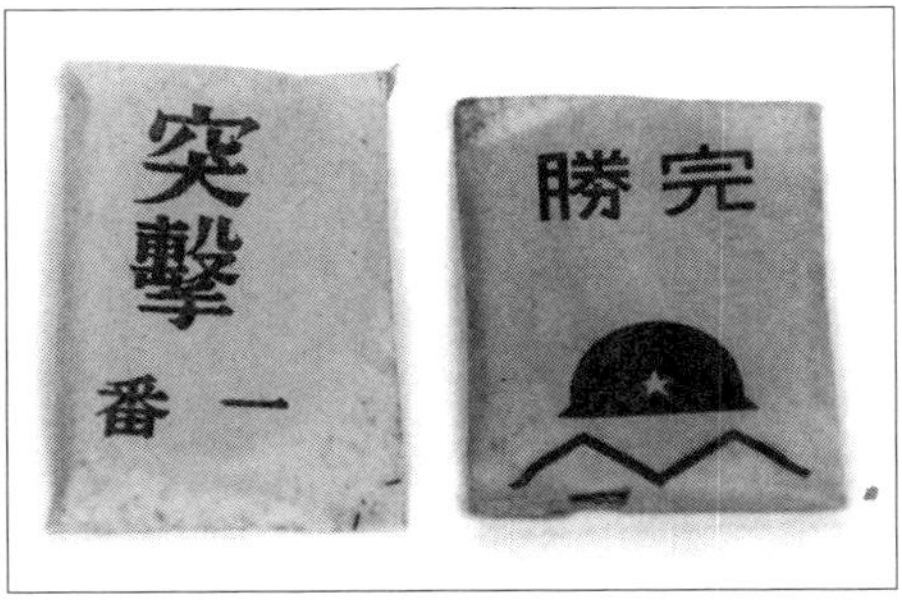

（東海林次男氏提供）

現地の女性への強姦のほうが手っ取り早いと思う下級兵士もいました。慰安所そのものが、女性たちが日々何十人という男たちに強姦される場所だったのですから、あおられた性的欲求を、セーブできなくなっていたのが当時の実態です。

二つ目は、性病防止という理由です。戦地にある売春宿には、衛生状態が悪くて性病が広まっているので、日本軍の将兵がそこに通うことを禁止し、軍が完全に管理できる慰安所をつくろうという発想です。兵士が性病になると戦闘能力が衰えます。そのため外部との接触を絶って、慰安所を軍の中に抱えこめば、性病が防止できるというのが軍医たちの考えでした。軍隊では、性病予防の薬「星秘膏《せいひこう》」と、「突撃一番」「完勝」といった名前のコンドームが配られました。しかし、強姦などをして性病にかかった兵士が、それを隠して慰安所に行くことによって、「慰安婦」も性病にかかり、兵士の性病感染はますます増えていったようです。

三つ目の理由は、戦場で劣悪な状況に置かれている兵士たちの不満を解消するために、「慰安」の提供が必要だということです。これこそまさに、橋下市長の発想と同じです。戦前の日本の男性文化のなかでは、「慰安」として最初に思いつくのは酒と買春でした。女を提供すればよいという、軍による安易で人権無視の発想こそが、この制度をつくった大きな要因です。これは女性を性の道具としてしか見ていないという点で、女性に対する大きな人権侵害であるばかりでなく、男性にとっても屈辱的なものです。女をあてがいさえすれば兵士として戦うと、男性たちが見られていたということでしょう。

四つ目は、スパイ防止が挙げられます。日本の軍人が民間の売春宿に通って、親しくなった女性から軍の機密が漏れるかもしれないということから、戦地・占領地にある民間の売春宿に通うことを禁止し、完全に軍の監督・統制下に置かれた慰安所をつくろうとしたのです。日本軍が設置に直接的・間接的にかかわった理由がここにあります。

日本以外の軍隊にも「慰安婦」制度はあったのか

第二次世界大戦中に、日本と同じようなかたちで組織的に女性を軍隊に提供した制度は、ナチス・ドイツ以外にはなかったといわれています。

戦争が起き、経済が破壊され食糧もないなかで、生きていくために女性が売春を選ばざるをえない場合がありました。物資も豊かで、さまざまな権力をもつ軍隊のまわりに利益を求める人々が集まり、軍隊相手の売春宿などが営まれることは、世界各地の戦場で見られることでした。しかし、こういった売春宿と慰安所は、本質的に異なります。

戦地・占領地にいる日本軍部隊が慰安所の設置を決定すると、日本・朝鮮・台湾など「日本帝国」領土で集めるときには、軍が業者を選定するか、内務省や総督府に業者の選定を依頼し、その業者に集めさせます。日本内地からは、警察が出国の制限をしていたので、売春の前歴がある二一歳以上の女性がほとんどでした。集められた女性たちは軍用船や汽車で戦地に送られ、軍のトラックなどで目的地まで移送されました。軍でなければ、危ない戦地に移送する業務はできませんでした。ここまで完全に軍のコントロールによって慰安施設が設置運営されたケースは、他に例を見ません。

アメリカ軍の場合、軍が売春宿の利用を認めている場合もありましたが、そういったことが本国に知れると、教会や議員から大きな抗議を受け、本国世論も許さなかったため、軍はただちに閉鎖する措置をとりました。もちろん、アメリカ兵個々人による強姦などは枚挙にいとまがありませんが、それは犯罪とみなされ、大きな処罰を受けました。戦後、韓国軍がアメリカ軍のための慰安所を設置提供したことがありましたが、これは戦時中の日本軍の慰安所制度を真似たものでした。

個々人による強姦は許されないが、慰安所なら許されるという考えは通用しません。日本軍「慰安婦」制度のもとでは、軍によって「慰安婦」にされた女性たちへの強姦が、「慰安所」と名のつく場所で日常的におこなわれていたのです。制度として、女性たちが強姦される場所がつくられていたのです。この責任は免れられるものではありません。

戦時性暴力に関する事実は、まだまだ明るみに出ていません。しかし、他国にあったかなかったかということは、問題のすり替えでしかないことは常識でわかることではないでしょうか。何か犯罪が起きたときに「自分だけではない。だれそれもやっていた」と主張したところで、本人の犯罪行為をなかったものにできるものではないことは明らかでしょう。私たちは、どこの国がやっていたかではなく、日本がどうだったのか、そして、その根底にある、女性に対する、人間に対する人権の意識がどうだったのかということを、あらためて問い直す必要があるのではないでしょうか。

(平井美津子)

文献①　坪川宏子・大森典子編著『司法が認定した日本軍「慰安婦」』(かもがわブックレット、二〇一一年)

②　「戦争と女性への暴力」リサーチ・アクションセンター編『「慰安婦」バッシングを越えて』(大月書店、二〇一三年)

Q13

「沖縄戦での「集団自決」は日本軍が命令したものではない」？

「集団自決」の背景としての沖縄戦の特徴

アジア太平洋戦争の末期、一九四五年三月下旬の慶良間《けらま》諸島への米軍上陸から、沖縄での凄惨な地上戦が始まりました。その特徴の第一は、住民を巻き込んだ、長期にわたる地上戦になったということです。

なぜそうなったのでしょうか。戦後における沖縄の戦略的位置を重視した米軍は、五五万の兵力を動員して、沖縄攻略戦に突入しました。迎え撃つ日本軍は九万六〇〇〇人でした。圧倒的な劣勢にもかかわらず、日本軍は降伏せず、持久戦を続ける方針で、最後まで戦うことをやめませんでした。兵力の不足を補うため、約二万人の住民を防衛隊として召集し、中等学校の男女生徒数千人を学徒隊として動員しました。これに対し米軍は四月に沖縄本島に上陸し、「鉄の暴風」ともよばれる猛烈な砲爆撃を加えました。米軍が占領地域を拡大すると、一般住民も軍や防衛隊と一緒に逃げるしかありません。こうして軍隊と住民が混じりあって戦闘に巻き込まれ、一般住民も多数の犠牲者を出すことになりました。組織的な戦闘は、司令官が自決する六月下旬まで続きました。県民の死者は、沖縄県出身の軍人・軍属を含めて当時の県民人口のおよそ四分の一にあたる一二～一五万人、県外出身の日本兵が六万六〇〇〇人にのぼりました。

このように大きな住民の犠牲を生んだ長期の持久戦を、なぜおこなったのでしょうか。それは、米軍の本土上陸を遅らせ、国体（天皇制）護持のための本土決戦を準備する、時間稼ぎが目的だったといわれています。ここから、「軍隊は外敵から住民を守るためにあったのではない」という、沖縄戦の第二の特徴が導き出されます。そのことを具体的・典型的にあらわしたのが、沖縄戦における日本軍による住民虐殺と、「集団自決」でした。

もっとも、「軍隊は住民を守らない」というのは、どの国の軍隊にもあることです。軍隊は外敵と戦うためにあると同時に、国民を弾圧・威圧するためにあるというのも軍隊の本質だからです。しかし日本の場合はとくに、天皇の指揮命令への絶対服従の精神で固められた反民主的な軍隊でしたから、住民に対しても軍隊への絶対服従を要求する組織としてつくりあげられていました。そのために、住民を守らないという本質が、もっとも露骨にあらわれたといえます。

沖縄戦での住民虐殺のなかには、軍命に従わない者、スパイと疑われた者（その一例として沖縄方言を話す者）などが、軍の判断で即刻処刑された事例が数百人ありました。また、住民が避難していた壕を軍隊が使うからといって「鉄の暴風」のなかに追い出したり、軍が食糧を奪ったり、泣き叫ぶ乳幼児を、敵軍に見つかるからと殺したりすることも多発しました。

「集団自決」はなぜ起こったのか

このように沖縄戦は、すべての住民を強制的に動員し、無理やりにでも軍隊に協力させせなければ、できない戦争でした。そのなかで、軍と住民が混在して米軍の攻撃にさらされていた戦場で、多数の住民が集団でみずから命を絶つ悲劇が起こりました。これがいわゆる「集団自決」です。その実態を、犠牲者の多かった慶良間諸島の事例から見てみましょう。

慶良間諸島では、一九四四年九月ごろから日本軍が駐屯し、海上特攻隊の基地が置かれたため、強い権力をもち事実上の軍政をしいた軍が、日常的に村役場を通じて、軍の宿舎と食糧、基地建設の労働力などの確保を住民に命じていました。そのなかで軍は、「米軍につかまったら残虐な殺され方をする」「敵の捕虜になるよりは潔く自決せよ」などと、住民への教育を徹底しました。沖縄駐屯の第三二軍司令部も「軍官民共生共死」をとなえ、軍官一体となって、住民の戦争動員体制をつくりあげました。特攻隊基地がつくられた慶良間諸島では、とりわけ軍の秘密保持が重要でしたから、「敵の捕虜になるな」という教育は、徹底しておこなわれたのです。こうして、米軍上陸の際は住民も軍とともに最後は自決するのだという意識がつくられていきました。ですから米軍上陸直前になって、日常の指揮命令系統を通じて全員集合命令が伝えられ、手榴弾が二発渡されて、一発は敵に投げ、後の一発で自決せよと言われれば、自決するしかないと考えるのは当然のことでした。こうして住民が一カ所に集められ、軍が配った手榴弾を爆発させ、あるいは互いに木片や石などで殴り、ひもで首をしめるなどして、乳幼児からお年寄りまで、肉親どうしで殺しあう悲劇が起こったのです。

こうして、渡嘉敷島《とかしき》では三〇〇人余、座間味島《ざまみ》では二〇〇人余が犠牲となりました。ところが、同じ慶良間諸島のなかでも、軍隊が駐屯していない島では「集団自決」は起こっていません。他の地域でも、そうした特徴がみられます。軍の指導と強制なしに「集団自決」は起こりえなかったのです。「自決」とは、自分の意思で命を絶つという意味ですが、実態は決して自発的な死ではなく、日本軍が強制した肉親どうしの殺しあいと自死でした。座間味島、渡嘉敷島での「集団自決」の犠牲者のなかには、乳幼児や一〇歳未満の子どもが三割以上も含まれています。乳幼児が自死することはありえません。ですから「集団自決」という語は不正確で、最近は「強制集団死」という用語が使われるようになってきました。

強制集団死が軍の責任によって起こったのだとすれば、軍によるスパイ容疑などでの住民虐殺などと同じく、軍による住民虐殺の一種であるといえます。教科書でも、一九八〇年代はじめまでは住民虐殺の記述が認められませんでしたが、八〇年代初頭に、住民虐殺の記述が教科書検定で削除されたことに対して、沖縄県民の強い抗議が起こり、検定のあり方の見直しがおこなわれました。以後は、住民虐殺の記述も、「集団自決」が軍の強制によるという記述も、通説にもとづく記述と認められ、検定意見がつけられることはありませんでした。

なぜ「集団自決」の軍命令を否定するのか

ところが、「集団自決」における軍の強制を否定しようとする動きがあらわれました。「新しい歴史教科書をつくる会」機関誌の『史』二〇〇七年五月号に、「つくる会」事務局長が、南京虐殺説、従軍慰安婦強制連行説、沖縄戦集団自決軍命令説は、「日本軍をおとしめる自虐史観の三点セット」だと書いています。軍命を否定するねらいは、「軍隊は住民を守らない」という沖縄戦の重要な教訓を隠し、日本軍の「名誉を守る」ことで、軍隊を肯定する心情を育てたいというところにあるのでしょう。

そこで、「集団自決」が日本軍の強制で起こったという記述を教科書から消すために、大がかりで計画的な行動を起こしました。二〇〇五年から渡嘉敷島の現地調査なるものをおこない、同年八月に「集団自決」は軍命によると書いた『沖縄ノート』の著者・大江健三郎氏と発行元の岩波書店を相手に、沖縄戦裁判を起こしたのです。そして、この裁判の原告である戦時中の座間味島戦隊長・梅澤裕氏が提出した「自分は自決命令を出していない」という趣旨の陳述書を主な根拠にして、翌二〇〇六年度の高校日本史教科書の検定で、軍の強制を示す記述が削除させられました（**↓巻末資料1**）。

このことが二〇〇七年三月に公表されると、沖縄戦を体験し、その体験を語り継いできた沖縄県民の怒りが爆発しました。沖縄戦の歴史をゆがめ、戦争の事実を教科書から消すことは許せないとの声が噴き出し、県議会、各市町村議会も立ち上がり、超党派の県民ぐるみの抗議運動は、九月二七日の一一万六〇〇〇人の「教科書検定意見撤回を求める県民大会」に結実しました。検定意見撤回と記述の回復が、県民と全国民の要求になりました。

一方、沖縄戦裁判もそれと並行して大阪地裁・高裁ですすみ、二〇〇八年中に地裁判決に続いて高裁判決も出されました。裁判では、体験者と歴史研究者などの証言で「集団自決」の真実が明らかにされ、地裁・高裁とも、軍は自決命令を出していないという梅澤氏ら原告の主張を、すべてしりぞけました。二〇一一年、最高裁も原告らの上告を棄却し、高裁判決が確定しました。

判決は、体験者らの証言が、いずれも自身の実体験にもとづく具体性、迫真性を有するものと認め、自決用に手榴弾が渡されて使用されたと認定しました。そして「集団自決が発生した場所すべてに日本軍が駐屯しており、日本軍が駐屯しなかった渡嘉敷村の前島では、集団自決は発生しなかった」ことも明確に認めています。高裁判決では、戦隊長の自決命令について、「住民への直接命令」と狭く限定すれば認定に無理があるが、それは隊長命令や、全体としての軍命令がなかったことを意味するものではなく、総体としての日本軍の強制・命令と評価する見解もありうると明言しました。また、日本国憲法が定める言論・表現の自由の保障は、国家権力の行使者に対する言論に関して、とりわけその必要性が高いと述べました。つまり、大江氏が日本軍の行動を批判する自由は、とくに尊重する必要があるとしたのです。

こうして、日本軍は自決命令を出していないという言説は、裁判でも完全に否定されたのです。（石山久男）

文献①　安仁屋政昭『沖縄戦のはなし』（沖縄文化社、一九九七年）
②　林博史『沖縄戦　強制された「集団自決」』（吉川弘文館、二〇〇九年）
③　石山久男『教科書検定──沖縄戦「集団自決」問題から考える』（岩波書店、二〇〇八年）

Q 14

「東京裁判は戦勝国による不当な裁判である」？

東京裁判（極東国際軍事裁判）は、第二次大戦後、連合国一一カ国が日本の「重大戦争犯罪人」二八人を被告として裁いた裁判で、主に政府や軍の指導者が対象となりました（うち、大川周明は精神障害により免訴、松岡洋右と永野修身は公判中に病没したため、判決が下されたのは二五名）。彼らは一般にA級戦犯と呼ばれていますが、審理対象となった犯罪は、①「平和に対する罪」（A級戦争犯罪＝宣戦布告の有無にかかわらず、侵略戦争および条約に違反する違法戦争の準備・計画・開始・遂行にかかわった罪）、②「通例の戦争犯罪」（B級戦争犯罪＝従来の国際人道法・国際慣習法違反など、戦闘中の非戦闘員の殺害や捕虜に対する虐待行為）、③「人道に対する罪」（C級戦争犯罪＝一般市民に対する虐殺などの非人道的行為）の三つで、これらを犯した個人の刑事責任が問われました。

「平和に対する罪」だけで裁かれたのではないA級戦犯

東京裁判を批判する際には、「平和に対する罪」（A級戦争犯罪）を理由に、国家指導者層が裁かれたことが強調される傾向にあります。しかし実際は、捕虜虐待や占領地での住民殺害などの「通例の戦争犯罪」（B級戦争犯罪）をも重視し、絞首刑となった七人のA級戦犯はすべて、「平和に対する罪」（A級）だけでなく「通例の戦争犯罪」（B級）に該当する訴因である「訴因五四　違法行為の命令・授権・許可による法規違反」と「訴因五五　違法行為防止義務無視による法規違反」のどちらかで有罪とされました（ただし松井石根には「平和に対する罪」の訴因はまったく適用されず訴因五五のみ、木村兵太郎、武藤章の二名は五四、五五の両訴因で有罪・絞首刑）。他方、「人道に対する罪」（C級）は、ドイツによるユダヤ人虐殺を念頭に分類されたものだったので、東京裁判やBC級戦犯裁判など対日戦犯裁判では、実際には適用されませんでした（→文献①）。

「平和に対する罪」は事後法だったのか

一方、「平和に対する罪」は事後法であるとして、東京裁判での適用を批判する言説もしばしば聞かれます。しかし、国際法に事後法禁止の原則が適用されるかどうかについては、争いがあるということを念頭に置かなければなりません。さらに「平和に対する罪」は、規定そのものは確かにニュルンベルク裁判と東京裁判においてはじめて明示されたものですが、犯罪概念の内容については、そう単純なものではありません。「平和に対する罪」は、「戦争違法観」と「指導者責任観」という二つを合わせた犯罪概念だと考えられていますが、前者は戦争が国際法上違法であるという観念であり、第一次世界大戦後から次第に広まり、一九二八年の「パリ不戦条約」として結実しました。後者は第一次世界大戦末期に登場した観念で、国際法上違法とされる国家行為の責任が、国家の指導者に課せられるというものです。たとえば、一九一九年に締結されたベルサイユ条約第二二七条は、ドイツ皇帝ヴィルヘルム二世を、特別法廷で訴追するべきことを定めていました。亡命先のオランダが引き渡しを拒否したため、実際に皇帝が裁かれることはありませんでしたが、「指導者責任観」にもとづく条約規定が、二〇世紀初頭には存在していた事実は注目するべきものです。つまり、「平和に対する罪」は、当時すでに国際社会において形成されつつあった、「違法な戦争を決定・遂行した指導者の責任を追及すべきである」という人々の規範意識が明示されたものだともいえるのです。ですから、「平和に対する罪」を単なる事後法としてとらえるのではなく、当時の国際社会の意識の変容のなかに位置づけてみる必要があります（→文献②）。

日本軍の道義的責任を認めたパール判事

また、しばしば「日本無罪論」を唱えたとして紹介されることの多い人物に、インドのパール判事（専門はヒンズー法哲学、私法、手続法）がいます。彼は、作成した少数意見書のなかで「平和に対する罪」や「共同謀議」などを理由に被告人を裁いた東京裁判の構造を批判し、それゆえ被告人の「無罪」を主張しましたが、「通例の戦争犯罪」の審理については、その意義を認めた上で、日本の指導者は「過ちを犯した」として、南京事件や「バターン死の行進」などを事実として認定し、「鬼畜のような性格」の行為だったとして断罪しました。つまり、彼は事後法や証拠不備などを理由に、被告人に（国際）刑事法上の責任は問えないという認識を示しましたが、その一方で道義的責任は認めており、「日本無罪論」を唱えたわけではなかったのです（→文献③）。

なお、このような日本軍の加害行為は、当時の一般の人々には、東京裁判の公判を通じてはじめて知らされました。戦時中は報道統制によって事実を知らされることのなかった多くの人々にとって、東京裁判は事実の周知という積極的意義をもっていました。

BC級戦犯裁判の問題点と意義

指導者層を裁いた東京裁判に対し、「通例の戦争犯罪」（B級）と「人道に対する罪」（C級）などに該当する個々の残虐行為にかかわった者（命令者から実行者まで）を対象にした、いわゆるBC級戦犯裁判では、連合国七カ国（アメリカ、イギリス、オランダ、フランス、オーストラリア、中国、フィリピン）で約五七〇〇人が裁かれ、うち九八四人が処刑されました（裁判資料がほとんど公開されていないソ連の事例をのぞく）。そのなかには、通訳や手続き上の不備などの問題があった裁判も確かにありますが、元弁護士によって公正性を評価されている事例もあり、個々のケースによって、戦犯裁判の評価は分かれています。それぞれの裁判資料や語学上の制約によって、ＢＣ級戦犯裁判についての研究はいまだ途上であり、二〇〇〇件を超える各裁判の個々の事例についての詳細な分析と解明が今後も求められています。

しかし、裁判という方法を採用したことによる意義も明らかに存在します。たとえば、検察側の主張を認めず無罪判決が下された例は一〇〇〇人以上、全体の一八％を占め、再審による減刑のケースも多数存在します。また、被害者による直接の復讐を否定したこと、さらに戦争犯罪人の即決処刑を否定したことなど、裁判という方法は、その後の国際社会の判断の基礎ともなり、旧ユーゴスラヴィアやルワンダでの戦争犯罪を裁く各国際刑事裁判所や、常設の国際刑事裁判所（ＩＣＣ）の設立などにつながりました。それは、現在までの国際法の発展に寄与したとも考えられるのです（**→文献④**）。

ＢＣ級戦犯たちの平和運動

さらにふれておきたいのが、ＢＣ級戦犯裁判で裁かれた人のなかには、のちに収監されたスガモプリズンのなかで、みずからの戦争での行為を自省し、自身の体験をもとに、日本の再軍備に反対する平和運動に取り組む人たちもいたという事実です。サンフランシスコ平和条約が発効した直後の一九五二年四月、日本国内ではＢＣ級戦犯を戦争犠牲者とする見方が広がり、戦犯釈放運動が過熱し、嘆願署名総数は一〇〇〇万筆を超えるほどの盛りあがりをみせました。こうした釈放運動は、朝鮮戦争への日本の加担や、朝鮮特需による経済復興、日米安保条約による米軍駐留の継続、警察予備隊をへた自衛隊の設置という再軍備の進展と、並行して展開していました。

このような状況のなか、あたかも日本人全体が戦争被害者であるかのような姿勢に立ち、アジアの被害者への視野をもたない釈放運動の主張に対して、スガモプリズン内の戦犯のなかから、批判的意見が投げかけられました。「私たちは再軍備の引き換え切符ではない——戦犯釈放運動の意味について」（『世界』一九五二年一〇月号）と題した論稿では、一戦犯が釈放運動について「一部の人々」が戦犯を「利用」していると批判し、再軍備や憲法改正のために「死の商人達の運動のおかげで釈放されることは望まない」と主張しました（この筆者は『私は貝になりたい』で知られる加藤哲太郎であることがのちにわかりました）。その他『壁あつき部屋——巣鴨BC級戦犯の人生記』（一九五三年）などの手記に代表されるように、BC級戦犯裁判の問題点を批判しながらも、日本軍による加害の事実を見つめ、同時に再軍備に反対する思想的営みが、獄中で生まれていたのです（→文献⑤）。

東京裁判・BC級戦犯裁判の問い直し

そして、最後に強調しておきたいのが、東京裁判とBC級戦犯裁判の「真の問題点」と、それらの克服に向けての市民による取り組みについてです。東京裁判では、天皇や財閥の不起訴をはじめ、七三一部隊による中国での捕虜などへの生体実験や細菌戦・毒ガス戦など、明らかに戦争犯罪といえる行為が免責となり、また朝鮮人の強制連行・強制労働など、植民地におけるさまざまな犯罪行為、残虐行為が不問にふされました。

加えて、BC級戦犯のなかには、当時日本の植民地支配を受けていた台湾人や朝鮮人も含まれており（台湾人一七三人、朝鮮人一四八人）、彼らは軍隊の差別構造のなかで最下級の軍属という地位のもと、捕虜と直接接触する捕虜監視員などに従事させられていました。しかし、戦犯裁判では植民地の人間であることが考慮されることはなく、結果として多数（台湾人二一人、朝鮮人二三人）が死刑判決を受けることとなったのです（→文献⑥）。

そのような東京裁判やBC級戦犯裁判の欠陥の主な要因としては、当時の米国と日本の指導者層との政治的合作、さらには当時の「裁いた側」に、植民地の住民に対する視座が欠落していたことなどが挙げられます。その後、アジア各国の民主化にともない、被害者の声が大きくなるにつれ、彼らの声を受けとめようとする市民が、東京裁判やBC級戦犯裁判の「真の問題」を克服しようとする、さまざまな活動を展開することとなりました。とくに九〇年代に入ると、元「慰安婦」が実名を明かして提訴したのを機に裁判闘争が広がりましたが、そのほかにも植民地での残虐行為と天皇の戦争責任に焦点を定めた「アジア民衆法廷」(一九九五年)や、「慰安婦」制度における日本国政府と天皇をはじめとする指導者個人の責任を追及した「女性国際戦犯法廷」(二〇〇〇年)、そしてアメリカをはじめとする連合国側の戦争犯罪である広島・長崎への原爆投下の国家責任と個人の刑事責任を明らかにした「原爆投下国際民衆法廷」(二〇〇七年)など、多彩な民衆法廷運動を通して、当時の戦犯裁判では問われなかった問題についての責任を追及する試みがなされています(→**文献⑦**)。

以上のような、BC級戦犯たち自身による平和運動や、その後の市民による取り組みをかんがみれば、「戦勝国による不当な裁判だ」という見方は、東京裁判の意義と「真の問題点」の双方を見落とした、きわめて一面的な評価であり、戦後日本国内の人々が、みずから育んできた思想や営みを軽視したものだといえるでしょう。

(本庄十喜)

文献
① **東京裁判ハンドブック編集員会編『東京裁判ハンドブック』**(青木書店、一九八九年)
② **大沼保昭『戦争責任論序説』**(東京大学出版会、一九七五年)
③ **中島岳志『パール判事』**(白水社、二〇〇七年)
④ **林博史『BC級戦犯裁判』**(岩波書店、二〇〇五年)
⑤ **内海愛子『スガモプリズン』**(吉川弘文館、二〇〇四年)
⑥ **内海愛子『キムはなぜ裁かれたのか』**(朝日新聞出版、二〇〇八年)
⑦ **山田朗編著『歴史認識問題の原点　東京裁判』**(学習の友社、二〇〇八年)

Q15 「日本国憲法はGHQに押しつけられた」？

くりかえされる「押しつけ憲法」論

日本国憲法が、連合国軍総司令部（ＧＨＱ）によって「押しつけられた憲法」だという主張は、自主憲法制定を旗印にかかげた保守政党などによって、くりかえされてきました。中曽根康弘元首相の「憲法改正の歌」（一九五六年）にある「一　嗚呼《ああ》戦《たたか》いに打ち破れ　敵の軍隊進駐す　平和民主の名の下に　占領憲法強制し　祖国の解体計りたり　時は終戦六ヶ月」という文言も、「押しつけ」論を強調しています。

この考えは、二〇一二年一〇月にまとめられた自由民主党の『日本国憲法改正草案Ｑ＆Ａ』にも登場します。「現行憲法は、連合国軍の占領下において、同司令部が指示した草案を基に、その了解の範囲において制定されたものです。日本国の主権が制限された中で制定された憲法には、国民の自由な意思が反映されていないと考えます。そして、実際の規定においても、自衛権の否定ともとられかねない九条の規定など、多くの問題を有しています」と書かれています。憲法「改正」をめざす政党や政治勢力は、この「押しつけられた憲法」という考えをひとつの理由にしています。

何度もこうした言説を聞かされると、これに納得する人もいます。本当に「押しつけられた憲法」の主張に納得していいのでしょうか。

日本国憲法のなりたち——政府案は帝国憲法の焼き直しだった

一九四五年一〇月四日に、ＧＨＱのマッカーサー最高司令官は、近衛文麿《このえふみまろ》国務大臣と会見し、憲法改正を示唆します。これを受けて、一〇月一三日に政府が憲法改正調査の着手を決め、同月二五日に、憲法問題調査委員会（委員長・松本烝治国務大臣）を設置します。そのもとで作られたのが、松本烝治私案です。これをもとに、委員会では宮沢俊義による宮沢甲案、乙案が作成されます。甲案は、帝国憲法とほとんど同じ内容でした。

宮沢甲案に近い内容を「憲法改正・調査会の試案」として『毎日新聞』（一九四六年二月一日）がスクープし、ＧＨＱも知るところとなります。この「試案」を受けて、二月三日にマッカーサーはＧＨＱ民政局に「天皇制の存続、戦争の放棄、封建制度撤廃」の三原則からなる骨子を示し、憲法草案作成を指示しました。二月八日に「憲法改正要綱」が正式に政府案としてＧＨＱに提出されると、「もっともおくれた民間草案よりも、さらに保守的」というのがＧＨＱの評価でした。すでにＧＨＱ民政局は、民間の憲法草案（四五年一二月二六日発表の鈴木安蔵、高野岩三郎らの憲法研究会「憲法草案要綱」）を翻訳し、憲法研究会案の諸条項は「民主主義的で、賛成できる」と評価（ラウエル「私的グループによる憲法改正草案（憲法研究会案）に対する所見」四六年一月一一日）もおこなっていました。

「憲法改正要綱」（甲案）1946年1月26日

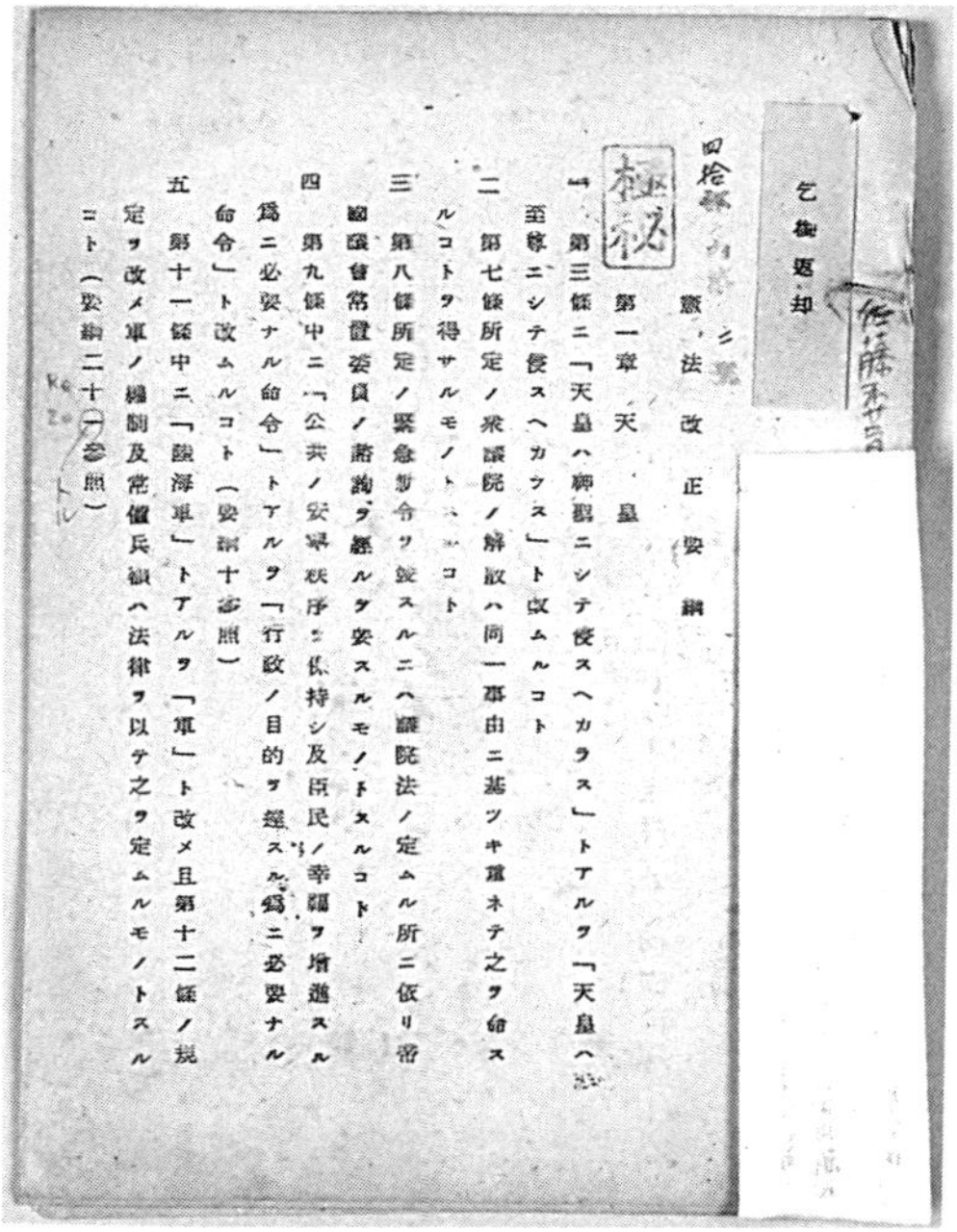
極秘
憲法改正要綱
第一章　天皇
一　第三條ニ「天皇ハ神聖ニシテ侵スヘカラス」トアルヲ「天皇ハ至尊ニシテ侵スヘカラス」ト改ムルコト
二　第七條所定ノ衆議院ノ解散ハ同一事由ニ基ツキ重ネテ之ヲ命スルコトヲ得サルモノトスルコト
三　第八條所定ノ緊急勅令ヲ發スルニハ議院法ノ定ムル所ニ依リ帝國議會常置委員ノ諮詢ヲ經ルヲ要スルモノトスルコト
四　第九條中ニ「公共ノ安寧秩序ヲ保持シ及臣民ノ幸福ヲ増進スル爲ニ必要ナル命令」トアルヲ「行政ノ目的ヲ達スル爲ニ必要ナル命令」ト改ムルコト（要綱十参照）
五　第十一條中ニ「陸海軍」トアルヲ「軍」ト改メ且第十二條ノ規定ヲ改メ軍ノ編制及常備兵額ハ法律ヲ以テ之ヲ定ムルモノトスルコト（要綱二十一参照）

（国立国会図書館所蔵）

二月八日の政府案「憲法改正要綱」
第三条　天皇ハ至尊ニシテ侵スヘカラス
第一一条　天皇ハ軍ヲ統帥ス（以下略）
第二八条　日本臣民ハ安寧秩序ヲ妨ケサル限ニ於テ信教ノ自由ヲ有ス
第五七条　司法権ハ天皇ノ名ニ於テ法律ニ依リ裁判所之ヲ行フ

二月一三日、GHQは政府の「憲法改正要綱」を拒否するとともに、マッカーサー「草案」を日本政府に渡します。GHQのホイットニー民政局長は、「最高司令官は、天皇を戦犯として取り調べるべきだという他国からの圧力、この圧力は次第に強くなりつつありますが、このような圧力から天皇を守ろうという決意を固く保持しています。……最高司令官は、この新しい憲法の諸規定が受け容れられるならば、実際問題としては、天皇は安泰になると考えています。……最高司令官は、この案に示された諸原則を国民に示すべきであると確信しております。……できればあなた方がそうすることを望んでいますが、もしあなた方がそうされなければ、自分でそれを行うつもりでおります」と述べています。

松本は、後年、当時の手記をもとに自由党憲法調査会で、ホイットニーは「これがなければ天皇の身体の保障をすることはできない」と述べたと証言しました。これが「押しつけ憲法」論の主張につながっています（古関彰一『新憲法の誕生』中公文庫、一九九五年など）。要するに、当時の日本政府は、国体（天皇制）護持を至上目標として、憲法のあるべきすがたすら描くことができていなかったわけです。

GHQが急いだ背景には、それなりの事情もありました。二月二一日にマッカーサーは、幣原《しではら》喜重郎首相に対し、極東委員会の論議は、日本にとって誠に不利な情勢にあること、ソ連やオーストラリアは依然として日本を恐れていること、天皇制についてもっとも厳しく反対していること、などを伝え、できるだけ早く憲法の基本原則を日本政府が受け入れることを求めたといいます。天皇の地位がまさしく問題になっていたわけです。これを受けて翌二二日に、日本政府は閣議で、憲法改正につきマッカーサー「草案」の受諾を決定しました。

三月六日、政府は「帝国憲法改正草案要綱」（主権在民、象徴天皇、戦争放棄を規定）を国民に発表します。これに対して、マッカーサーは全面支持を表明しました。四月一七日に政府が「憲法改正草案」を発表すると、当時の国民もこれを支持しました。『毎日新聞』（一九四六年五月二七日）の世論調査は、そのことをあらわしています。

象徴天皇制について……………支持八五％、反対一三％、その他二％
戦争放棄について………………戦争放棄の条項が必要七〇％、必要なし二八％、その他二％
国民の権利・自由・義務について……支持六五％、修正が必要三三％、その他二％
二院制について…………………賛成七九％、反対一七％、その他四％

「押しつけられた憲法」というのは、帝国憲法とそのもとでの統治体制を望んだ権力者、日本がすすめた戦争になんら反省もしない権力者から見た立場です。日本国憲法が「押しつけ」というのなら、その内容こそ問われなければなりません。国民にとって、国民主権・基本的人権の尊重・平和主義（戦争の放棄）が限りなく不愉快なものであり、受け入れがたい内容であれば、「押しつけ」だったといえるでしょう。しかし、当時の国民は、そのようには受けとめていませんでした。

日本国憲法は近代日本の民主主義運動を受け継いでいた

日本政府は、ポツダム宣言を受け入れて無条件降伏しました。この宣言のなかに「日本国政府は日本国国民の間に於ける民主主義的傾向の復活強化に対する一切の障礙《しょうがい》を除去すべし」との一文があります。これは、まさしく自由民権運動や大正デモクラシーなど、国民のあいだに起こった近代日本の民主主義運動を指しています。

ＧＨＱが参考にした鈴木安蔵らの憲法研究会「憲法草案要綱」は、自由民権家たちの憲法案を研究し、検討しながら作成されています。鈴木は「……明治憲法は一人の自由民権運動の代表者も参加することなく、逆に徹底的な民権運動抑圧の下に、まったく秘密裡に、少数の権力者・貴族・天皇制官吏たちだけの秘密裡の会議のうちに確定された」「自由民権運動、さらに大正デモクラシー、さらにまた社会主義運動に示された自由と人権また非戦・平和の追求の伝統は、とくに満州事変以来の反動・暗黒の時期には、まったく葬られ去ったのである」（『歴史地理教育』一九八一年一〇月号）と述べています。鈴木は、近代日本の民主主義の復権を視野に入れていました。

新憲法には、当時の民主主義と平和を求める世界の願いもこめられていました。日本が敗戦した同じ年に、国際平和の実現をめざして国際連合憲章が定められ、国際連合が発足します。新憲法はその憲章の精神も踏まえていました。また、憲法第九条の平和主義がしばしば改憲の争点にされますが、第九条は日本も批准した一九二八年のパリ不戦条約（「戦争抛棄ニ関スル条約」）を受け継いでいます。大戦後に制定されたイタリアとフランスの憲法にも、戦争を否定する条文が書き込まれました。

男女平等の普通選挙を経た国会で審議され誕生した日本国憲法

政府提案の「帝国憲法改正案」は、日本初の男女平等の普通選挙（衆議院総選挙、一九四六年四月一〇日投票）で選出された議員も加わった国会で五カ月余、議論されています。国会では、前文、一条、九条、一七条、二五条、二七条などが修正されています。こうして、日本国憲法が誕生しました。

貴族院で南原繁議員は「（強制された憲法ではないと政府が答弁したことに対し）……此の憲法が成立すると致しますれば、之に賛成した議員皆我々には非常に重要なる責任があると思ふのであります、殊に政府に於かれましては此の草案を創定されただけに、それだけ責任が多いと思ふのであります……日本政府が作り、又日本の帝国議会が之に協賛したと致しますれば、其の責任が日本のものであり、日本の憲法として我々は何処迄《どこまで》も確立しなければならぬのでありまして、此の点は特に政府に於きましては非常に大きな責任が今後おありになると思ひます」（一九四六年九月四日、帝国憲法改正案特別委員会）と発言しました。

いま、あらためて日本国憲法を読み、平和と民主主義を次世代に受け継いでいくことが求められています。

（大野一夫）

文献
①伊藤真『赤ペンチェック　自民党憲法改正草案』（大月書店、二〇一三年）
②杉原泰雄『憲法読本　第四版』（岩波ジュニア新書、二〇一四年）
③歴史教育者協議会編『日本国憲法を国民はどう迎えたか』（高文研、一九九七年）
④永井憲一ほか『資料　日本国憲法』第一巻（三省堂、一九八六年）

コラム2
『はだしのゲン』の閉架問題

『週刊少年ジャンプ』(集英社)で一九七三年から連載され、のちに単行本になり一〇〇〇万部以上を売るベストセラーとなった『はだしのゲン』(中沢啓治作)。連載当時、書店の立ち読み、理髪店の待合、友人宅、どこに行っても漫画雑誌があった時代で、子どもたちはそこで連載を飛び飛びに読んだといいます。「むごたらしい戦慄の描写と、親しみにくいタッチの描き方に違和感を覚えた。……でも一発の原子爆弾が、多くの命と多くの未来を奪ったことだけは、子どもだった自分にも理解できた」と思い出を語る人もいます。単行本になると全国の小中学校の図書室に置かれ、ほとんどの子どもたちが、それこそ貪《むさぼ》るように読みあいました。

その、全国どこの学校図書館にもある『はだしのゲン』を、松江市(島根県)教育委員会は、市内の小中学校の校長に、口頭で「同書を閉架措置とし、できるだけ貸し出さないように」と求めました。二〇一二年一二月のことです。

閉架のきっかけはその年の八月、「子どもたちに間違った歴史認識を植えつける」と主張する市民が、『はだしのゲン』を学校図書館から撤去せよという陳情を市議会に提出したことでした。市議会は一二月、全会一致で不採択を決めました。ところが、市教委は独自の判断で、全小中学校を対象にした校長会で「小中学校の学校図書館で、本棚に置かず倉庫に収める『閉架』として子どもの閲覧を制限し、貸し出しもやめるよう」要請したのです。理由は「首を切ったり、女性への性的な乱暴シーンが小中学生には過激。過激な描写を、判断のつかない小中学生が自由に持ち出して見るのは不適切」というものでした。

しかし、市教委が言うように、「過激な描写が子どもにふさわしくない」のでしょうか。単行本第一巻の表紙には、青麦を握りしめてほほ笑むゲンの横顔が描かれています。踏まれても踏まれても、たくましく穂を実らせる青麦は成長のシンボルです。子どもたちは物語を貫く平和への願いや希望を感じとり、ゲンと一緒にたくましく成長しようと思いをふくらませて、この漫画を読んできたのではないでしょうか。

ある高校生は「クラスの男子が、『うわー、すごい怖いよ、これ気持ち悪い』と言っていたのを聞き、興味がわいた私は五年生の時に借りて読んでみた。漫画なので読みやすく、難しい言葉がいくつかあったが、戦争の悲惨さが伝わったのを覚えている。戦争がどれだけ悲惨で、二度と起こしてはいけないものかを伝える漫画だと思う」と思い出を語りました。

松江市教委が「子どもの発達上、悪影響を及ぼす」として閉架を決めたのは全一〇巻（汐文社版）のうち六〜一〇巻でした。つまり、そこに描かれている「中国人の首を切ったり、性的暴行を加えたりする場面」などについて、旧日本軍は中国大陸でそんなことはおこなっていないという事実の歪曲を容認しているのです。日本がおこなった戦争の残酷な事実から、子どもたちを遠ざけようというのです。

旧日本軍「慰安婦」の問題や南京虐殺の問題に対して「そんな事実はない」という主張が、いままでも執拗《しつよう》にくりかえされてきましたが、それが教科書にとどまらず、子どもたちが生活のなかで自由に、自分の判断で読む本にまで、拡大してきたということです。子どもたちの自由な思想形成を許さず、一方的な思想を注入しようとする動きです。

作者の中沢啓治さんは、「人間への希望を失っちゃいけない」と、この本で怒りと希望を子どもたちに託したといいます。中沢さんは奇しくもこの閉架措置がとられた二〇一二年一二月に亡くなりましたが、そのように、未来を担うべき子どもたちが、判断力をもった大人へ成長することを阻害する措置ではないでしょうか。

島根県教委は二〇〇四年に、『みなさん、知っていますか？子どもの権利に関する条約』という題のリーフレットを県内の中学生・高校生に配りました。そのなかに「子どもは、大人同様、表現の自由があります。これには、口頭、手書き、印刷、芸術または他の方法により、あらゆる種類の情報や考えを探したり、受け取ったり、伝えたりする自由を含んでいます」とあります。つまり、松江市教委の、子どもにはそのような「表現の自由」や「情報へのアクセスの権利」を制限してよいという考え方は、一九八九年に国連で採択され、日本も九四年に批准した「子どもの権利条約」に照らしても、正しくないということなのです。

図書館は子どもたちにとって身近な学びの場、心を成長させる場です。「図書館利用の公平な権利を年齢等の条件によって差別してはならないこと」「ある種の資料を特別扱いしたり、書架から撤去するなどは禁止されていること」と「図書館の自由に関する宣言」（一九七九年）が明記しているように、子どもが図書を自由に閲覧して、自分の生き方や考え方を育てていくことを、教育委員会や学校は第一に考えなければならなかったのでした。

（小堀俊夫）

コラム3

ナチスのまねをすればいい？

二〇一三年七月二九日、東京都内でおこなわれたシンポジウムに出席した麻生太郎副総理兼財務相の発言が、国内のみならず、世界を駆けめぐりました。世界中から、すばやく批判の声が、日本に向けられました。麻生氏は、どんな発言をしたのでしょうか。

「ヒトラーは、軍事力で、（クーデターのようにして）政権を取ったと思われているが、そうではなくて、ドイツ国民が選挙でヒトラーを選んだのです。そして、選ばれたヒトラーは、それまであったワイマール憲法を、国民に気づかれないうちにナチス憲法に変えてしまった。その手口に学んで、日本国憲法の改正を、皆わーわー騒がないで決めてほしい」（↓**巻末資料3**に全文）

なぜこの発言が世界を駆けめぐったのでしょうか。

まず、欧米の常識では、六〇〇万人のユダヤ人を殺したナチス政権を、政治家が引き合いに出すことはありえないといわれます。麻生氏は、ナチスを正当化する意識はないと釈明しましたが、少なくとも、ヨーロッパ諸国がしているようにはナチスを否定していない発言です。当時ヨーロッパでもっともすすんでいたワイマール憲法が変えられたように、日本国憲法も、いまは国民は支持しているようだが、時代とともに国際情勢も変わったので変えるべきだ。その際、マスコミや反対運動が騒がないうちに、ナチスが一夜で「静かに憲法を改正したように」憲法改正をおこなうべき、という主張です。ドイツ国民に選挙で選ばれて政権を担当したのだから、と、その正当性をにおわす発言は、とうてい諸国の受け入れられるものではありませんでした。

そして、そもそも麻生発言には、ナチスがどのように独裁をおこなったか、その経過に重大な誤認がありました。一九三三年一月三〇日、ドイツでヒトラーが首相に任命され、政権が発足しました。四週間後に国会議事堂放火事件が起き共産党を弾圧、翌日「大統領緊急勅令」（ヒンデンブルク大統領）で、人身の自由や集会の自由など七つの基本権が停止されました。三月五日の総選挙では大規模な弾圧・選挙干渉がおこなわれましたが、ナチスは憲法改正に必要な三分の二の議席を確保できませんでした。そこで三月二三日、突撃隊が、審議がおこなわれている議場を包囲する喧噪のなか、野党議員を逮捕・拘禁、排除、恫喝して、無理やり「全権委任法」を成立させます。政府が議会に代わって、憲法違反であっても法律を制定できる、この究極の悪法によってナチスは絶対権力を獲得しました。決して「静かに、いつの間にか」ナチスの独裁が始まったのではないのです。また「ナチス憲法」などはなく、形式的にはワイマール憲法はヒトラーの時代も存続していました。

いま日本で最大議席をもつ自民党がすすめている、憲法改正への動きとの類似に、りつ然とします。麻生発言の真意は何でしょう?

この発言の背景には、七月二一日参議院選で自民党は圧勝したにもかかわらず、憲法九六条の改正手続きを「三分の二」から「過半数」とする「九六条先行改正」が、世論の反対で頓挫しているため、明文改正にすすめない状況がありました。ナチスと同じように、自民党は国民の信任を得ているのに、目標の憲法改正の見通しが立たない。そこで、麻生氏は「静かに憲法改正を」つまり、憲法改正は当面おいて、実質的な解釈改憲をめざすと発言したのでした。実質的に日本社会を、日本国憲法の理念にもとづく社会から変質させる、「気づいたら社会が大きく後退していた」状況をつくろうというわけです。

まさに日本においても、日本国憲法の基本的人権を制限し破棄するような法律を成立させ、国民の政府に対する反対運動を封じ込め、人権をも損なわせることが可能であるということです。そして、憲法が禁じた集団的自衛権行使をできるように、これまでの憲法九条の解釈を変更させることも、法律や閣議決定で可能だとされかねません。武器輸出の解禁は、すでに閣議決定というかたちで強行されました。首相と数人の閣僚だけで外交・防衛の政策を決定できる「国家安全保障会議（日本版ＮＳＣ）」により、実質的に、必要であれば地球の裏側までも戦争を仕掛ける体制が、日本国憲法が改定されないまま、つくりあげられようとしています。

ワイマール憲法下でナチス独裁が可能になった「手口」に学んで、日本国憲法下でも、違憲の法律によって日本を「戦争ができる国」にするという政府のシナリオを、麻生氏は、つい正直にもらしてしまったのでした。

（小堀俊夫）

Q16 「教育勅語のなかにはよい内容もあった」？

教育勅語を現代に？——書写・朗読の取り組みまで

「教育勅語《ちょくご》」は一八九〇年に、自由民権運動やキリスト教の思想を警戒して、明治天皇の勅語のかたちをとって示された教育の基本方針です。この教育勅語を現代社会に復活させるべきだという考えを、自民党の森喜朗や麻生太郎などが首相在任中に、河村建夫、中山成彬などが文部（文科）相在任中に、表明してきました。そして、そうした考えの人々と一体となって、明治神宮は教育勅語の普及に取り組み、原文や現代語訳の配布、さらに、次のように教育勅語の書写・朗読をも呼びかけています。

「書写の前に先《ま》ず、手を洗い、口をすすぎます。次に、一礼して、はじめに願いごとを記入し、気持ちを静め、心を込めて丁寧に書写します。／書き終えて間違いがないか見直し、声に出して読んだ後、……一礼して終わります。／書写した教育勅語は……郵送してください。御神前に奉奠《ほうてん》いたします。」

いったい、一〇〇年以上も前に明治天皇の名前で出された文書の、どこが現代に生きるというのでしょうか。原文を読んでみましょう。

教育ニ関スル勅語

朕惟フニ我カ皇祖皇宗国ヲ肇ムルコト宏遠ニ徳ヲ樹ツルコト深厚ナリ我カ臣民克ク忠ニ克ク孝ニ億兆心ヲ一ニシテ世々厥ノ美ヲ済セルハ此レ我カ国体ノ精華ニシテ教育ノ淵源亦実ニ此ニ存ス①爾臣民父母ニ孝ニ②兄弟ニ友ニ③夫婦相和シ④朋友相信シ⑤恭倹己レヲ持シ⑥博愛衆ニ及ホシ⑦学ヲ修メ業ヲ習ヒ⑧以テ智能ヲ啓発シ⑨徳器ヲ成就シ⑩進テ公益ヲ広メ世務ヲ開キ⑪常ニ国憲ヲ重シ国法ニ遵ヒ⑫一旦緩急アレハ義勇公ニ奉シ以テ天壌無窮ノ皇運ヲ扶翼スヘシ是ノ如キハ独リ朕カ忠良ノ臣民タルノミナラス又以テ爾祖先ノ遺風ヲ顕彰スルニ足ラン

斯ノ道ハ実ニ我カ皇祖皇宗ノ遺訓ニシテ子孫臣民ノ倶ニ遵守スヘキ所之ヲ古今ニ通シテ謬ラス之ヲ中外ニ施シテ悖ラス朕爾臣民ト倶ニ拳々服膺シテ咸其徳ヲ一ニセンコトヲ庶幾フ

明治二十三年十月三十日

御名御璽

（傍線と①〜⑫の番号は筆者による）

これが教育勅語の全文です。これを復活させたいという人たちは、文中に記されている一二項目の道徳の教え（①〜⑫）は現代社会でも大切なことなのに、戦後の学校ではきちんと教えられていないといいます。記されていることは、本当に学校で教えられるべきことでしょうか。

教育勅語の原文は難しいので、復活を主張する人たちの公認ともいえる、明治神宮で配布されている「国民道徳協会」による口語訳を参考に考えてみましょう。

天皇の国家のために忠義をつくすことが柱だった

口語訳では、道徳の最初の部分を「国民の皆さんは、①子は親に孝養をつくし、②兄弟、姉妹は互いに力を合わせて助け合い、③夫婦は仲むつまじく解け合い、④友人は胸襟《きょうきん》を開いて信じあい……」と記しています。これだけを読むと、教育勅語は、お父さんお母さんを大事に、兄弟仲良く、夫婦は助けあってというような、現代にもつながる道徳のようにも思えます。しかし、ここには大きなごまかしがあります。

第一に、教育勅語の全体を通して見ていくと、原文⑫の「一旦緩急アレハ義勇公ニ奉シ」（口語訳では「非常事態の発生の場合は、真心をささげて国の平和と安全に奉仕しなければなりません」）に重きが置かれていることがわかります。また、原文で①～⑫の後に項目全体をまとめた「以テ天壌無窮ノ皇運ヲ扶翼スヘシ」（波線部分）という文章があります。口語訳では「こうして天地と同様に不滅である皇室の繁栄を助けなさい」としています。このように、子どもたちに、すべてを天皇の国家（原文二行目にある「国体」）のためにささげる生き方を説くことが、教育勅語の柱でした。実は、多くの現代語訳ではこの部分があいまいに訳され、「天皇の国家（国体）のために生きる」ことを隠した文章になっています。麻生太郎はこのことを「『皇運ヲ扶翼スヘシ』の『皇運』を『国運』に言い換えたら今でも十分に通用する内容です」と語っています（「国運」であれば現代に通用するということにも問題はありますが）。

第二に、①～③の部分では、意訳文にあるような、兄弟や夫婦が対等で、仲良く一家だんらんをするような家庭が想定されていたのではありませんでした。戦前には民法という法律で定められた家制度があり、戸主がいて、家族の婚姻に際してはその認否の権限があり、家族員を掌握・管理する権限をもっていました。戸主の継承は男女では男子、出生順では長子で、戸主がその家を相続して他の人の面倒をみるというのが原則でした。

この家制度のもとで、親への孝行は家族愛というより、子どもの親に対する義務的なものであり、兄弟姉妹の関係も対等ではありませんでした。男女同権という考えもなく、妻の地位は低く、人権が軽視されていました。

戦前の教育勅語の注解書では、恋愛結婚を否定する見解が目につき、「結婚前には顔もよく知らぬ、言葉も交わしたこともない……男女でも、結婚後の心掛け一つに依《よ》つて、真に幸福な夫婦生活を送ることが出来たという例は、世に沢山ある」と説かれたといいます。これは、女性に忍従を求める道徳です。

そして、教育勅語全体が、天皇の国家への奉仕を求めることでまとめられていたことを思い起こしましょう。仲のいい家族であったとしても、そこから出征する兵士を送り出すときには、悲しんだり生きて帰ることを願ったりするのではなく、家族の一員が天皇のため、国家のために尽くせることを誇りに思い、喜んで送り出しなさいというのが、教育勅語の教えです。戦死についても、名誉ある立派なことと受けとめることが求められました。

恋愛のことにせよ、家族の出征や戦死に対する考えにせよ、教育勅語は、人間としての感情や理性にもとづいて思考し、みずからの考え方を育てて生活の指針としていくというような道徳を育むものではありませんでした。

子どもたちには、ただ押しつけられた

教育勅語は、子どもたちが読んで簡単に理解できるものではありませんでしたが、これを書き写し、覚えることを強制されました。子どもたちの頭に教育勅語が印象づけられたのは、元旦、紀元節、天長節（天皇誕生日）などにおこなわれる儀式で、校長が重々しく勅語を読み上げ、訓話をし、修身の授業などで教育勅語の精神がさまざまな題材で説かれることを通してでした。その際に、天皇の「すばらしさ」や「ありがたさ」がくりかえし語られました。教育勅語は、天皇の徳を説き、諸々の道徳で国民の思想や心情にまで踏み込んで、天皇のため・国家のためというひとつの考えに、国民をはめ込もうとするものでした。そして、日中戦争やアジア太平洋戦争の時代には、神話にもとづく「国体」の観念がいっそう日本の社会全体に押しつけられ、教育勅語は若者を戦争に駆り立てる上で、大きな役割を果たしました。

いま私たちは、自分と他者の人格・人権をともに大事にし、自分と他者、そして自分と社会とのかかわりをどう調和させていくか、必要な場合にはどう変えていくかを、しっかり考えていくことが求められる時代に生きています。教育勅語はそうした考えを育てるのではなく、特定の考え・心情を押しつけ、逆に、人間としてあれこれ考えるようにはさせないという役割をもっていたことに目を向けることが大事です。

自民党の改憲草案とつながること

二〇一二年に示された自民党の日本国憲法改正草案には、次の記述があります。

「日本国民は、国と郷土を誇りと気概を持って自ら守り」（草案前文）

これは国防の義務を述べたものといえるでしょう。教育勅語の「非常事態の発生の場合は、真心を捧げて、国の平和と平安に奉仕」せよ、それは「善良な国民として当然の務め」である（前出「国民道徳協会」の口語訳）という考えと通じています。そして、これは「全て国民は、人として尊重される。生命、自由及び幸福追求に対する国民の権利については、公益及び公の秩序に反しない限り、立法その他の国政の上で、最大限に尊重されなければならない」（草案第一三条）という条文につながっています。現行憲法で重視されていた「個人」の語が一般的な「人」と替えられた上、政府が「公益及び公の秩序」に反すると判断すれば「自由及び幸福追求に対する権利」は国政上、重視されなくてもよいということになるのです。教育勅語が戦前はどのような役割を果たしていたのか、いま、しっかりと学ぶことは重要です。

（丸浜昭）

文献①　山住正己『教育勅語』（朝日選書、一九八〇年）

②　高嶋伸欣『教育勅語と学校教育』（岩波ブックレット、一九九〇年）

Q 17

「君が代の歌詞には、繁栄と平和への願いがこめられている」？

一九九九年八月、国会は「国旗及び国歌に関する法律」（以下「国旗国歌法」）を成立させました。この法律を制定する契機となったのは、同年二月に起きた広島県立高校の学校長の自殺でした。卒業式での国旗掲揚・国歌斉唱をめぐる問題で悩んでいたことが原因であるとされています。この時期、広島に限らず、文部省や各地の教育委員会は、学習指導要領にもとづいて「国旗掲揚・国歌斉唱」を「適切に」実施することを指導していました。このようななかで、国旗（日の丸）・国歌（君が代）を法制化する動きが加速していきました。

文部省は国旗国歌法の施行を受けて、九九年九月三〇日に小学校学習指導要領解説社会編の一部を補い訂正しました。そのなかに「国歌『君が代』は、日本国憲法の下においては、日本国民の総意に基づき天皇を日本国及び日本国民統合の象徴とする我が国の末永い繁栄と平和を祈念した歌であること」と明記されています。これにもとづいて、二〇〇二年度版教科書検定で、「君が代」の意味を記述させる検定意見がつきました。M社の小学校社会科教科書では、検定過程で「はん栄と平和への願いがこめられた君が代」という一文が加筆されました。しかし、本当に「君が代」は日本の末永い繁栄と平和を祈念した歌なのでしょうか。

「君が代」の歌詞は、天皇主権の時代の繁栄を示したもの

そもそも国旗・国歌は、近代国家成立の過程で、国民を国家に統合する象徴としてつくられてきました。そのため、国の「かたち」が変われば、国旗・国歌も変わります。たとえばソ連が崩壊しロシアになったとき、国旗が変わり、のちに国歌の歌詞も変わりました。また、ひとつの国が分裂したり独立したりすれば、識別する必要があり、国旗・国歌はその国の「かたち」のなりたちと深くつながっています。

日本では、明治国家の成立とともに、日章旗（「日の丸」）が国旗として使われてきました。「君が代」は国歌というより、天皇に捧げる祝い歌として位置づけられていました。「君が代」の元歌は、『古今和歌集』の「わがきみはちよにやちよにさざれいしのいわほとなりてこけのむすまで」となっていて、長寿を祝う祝い歌として知られていました。また、元歌の「きみ」は、とくに天皇を指していませんでした。この元歌を手直しして、明治のはじめに「君が代」を創作したのがはじまりです。昔から国民が歌いつづけてきたといっても、明治以降のことです。「君が代」は「日の丸」とともに、侵略戦争に利用されていきました。日清・日露戦争、満州事変・日中戦争・アジア太平洋戦争と続くなかで、「国歌＝君が代」が定着していきます。

学校で「君が代」の強制が始まったのは、一八九三年に当時の文部省が「小学校祝祭日大祭儀式規定」を公布し、紀元節など祝祭日の唱歌のひとつに「君が代」が定められてからです。以後、学校の儀式で定着していきますが、一九九九年まで法律で国旗・国歌が定められたことはありませんでした。戦前の一九三七年の修身教科書に「国歌」として「君が代」が登場しますが、その後一九四二年には「君が代」に戻されています（次ページ）。

この教科書にもあるように、「君」は天皇を指し、天皇の治める世の中が千年も万年も、いつまでも続いて栄えるように、という天皇・皇室讃歌として教えられていくことになりました。戦地で天皇のために戦う兵隊を称えていることも、「君が代」のもつ意味として強調されています。朝鮮・台湾などの学校でも強制されてきました。

『初等科修身　二』（国民学校初等科修身第四学年用、1942 年）

二　「君が代」

君が代は
ちよにやちよに
さざれ石の
いはほとなりて
こけのむすまで

この歌は、
「天皇陛下のお治めになる御代は、千年も萬年もつづいて、おさかえになりますやうに。」
といふ意《い》味《み》で、國民が、心からおいはひ申しあげる歌であります。

「君が代」の歌は、昔から、私たちの先《せん》祖《ぞ》が、皇室のみさかえをおいのりして、歌ひつづけて來たもので、世々の國民のまごころのとけこんだ歌であります。

祝日《しゆくじつ》や、おめでたい儀《ぎ》式《しき》には、私たちは、この歌を聲高く歌

四　五

君が代は　ちよにやちよに　さざれ石の
いはほとなりて　こけのむすまで

この歌は、
「天皇陛下のお治めになる御代は、千年も万年もつづいて、おさかえになりますやうに。」といふ意味で、国民が、心からおいはひ申しあげる歌であります。

「君が代」の歌は、昔から、私たちの先祖が、皇室のみさかえをおいのりして、歌ひつづけて来たもので、世々の国民のまごころのとけこんだ歌であります。

祝日や、おめでたい儀式には、私たちは、この歌を声高く歌ひます。しせいをきちんと正しくして、おごそかに歌ふと、身も心も、ひきしまるやうな気持になります。

戦地で、兵隊さんたちが、はるかに日本へ向かつて、声をそろへて、「君が代」を歌ふ時には、思はず、涙が日にやけたほほをぬらすといふことです。

また、外国で、「君が代」の歌が奏されることがあります。その時ぐらゐ、外国に行つてゐる日本人が、日本国民としてのほこりと、かぎりない喜びとを感じることはないといひます。

戦後も「君が代」を強制する動きが始まった

敗戦後、戦前の天皇制国家に代わって、国民主権にもとづく民主主義国家になりましたが、国の「かたち」が変わっても、それにふさわしい国旗・国歌の議論はされてきませんでした。その背景には、戦後も日本国憲法のもとで天皇は「象徴」という特別な存在として位置づけられたこと、占領下にあって、戦前からの支配層が温存されていたこともありました。とくに一九五一年のサンフランシスコ平和条約と日米安全保障条約を経て、五三年に池田・ロバートソン会談で、日本は愛国心と自衛の自発的精神を育てることを約束させられます。五五年に自主憲法制定を党是とする自民党が結党されると、「君が代」を学校で強制する動きが出てきました。まずは学校で国旗掲揚とともに「君が代」を斉唱する指導が始まりました。五八年の小学校学習指導要領改訂では、儀式などで「国旗を掲揚し、君が代をせい唱させることが望ましい」、八九年からは「……指導するものとする」となります。

九九年の国旗国歌法の制定過程では、「生徒や児童の内心に入ってまで強要するものではない」(野中広務官房長官・当時)という国会での答弁がありました。しかし、いったん法律が制定されると、強制が強まります。どの教員が歌っているか、歌っていないか、まさに「踏み絵」が始まりました。天皇・皇室讃歌として戦前歌われてきた「君が代」を、いまになって「我が国の末永い繁栄と平和を祈念した歌」と解釈するのは、こじつけといえます。そのように曲解した指導で「君が代」を歌わせるのは、多くの教師にとって良心に反するものでした。

国旗国歌法以後、文科省の指導強化もあって、各地で「君が代」強制の動きが強まりました。二〇〇三年、東京都教育委員会は「一〇・二三通達」を出し、すべての都立高等学校および都立盲・ろう・養護学校の卒業式・入学式・創立記念式典等の学校行事において「国歌斉唱はピアノ伴奏等により行う」「教職員は国旗に向かって起立し国歌を斉唱する」などとして、職務命令に従わず不起立や不斉唱、ピアノ伴奏を拒否した教職員は処分することを宣言しました。これを受けて、実際に不起立・不斉唱をした教職員の処分が続いています。大阪府でも

「君が代」条例を成立させて、起立斉唱を義務づけました（二〇一一年六月）。「公務員はルールに従え」と、卒業式などで口を開けて歌っているか、管理職が点検するという異常な事態が始まりました。

歌には心情や考えが込められています。「君が代」という歌も同様です。歌うか歌わないかは、一人ひとりの心の問題です。だからこそ、憲法第一九条で「思想及び良心の自由は、これを侵してはならない」と保障されています。強制は、教員個人の内心の自由とともに、指導を受ける生徒個々人の内心の自由をも奪うものです。

東京都の処分を不服として訴えた元教員の訴訟では、最高裁は、校長の職務命令について思想・良心の自由を「間接的に制約する面がある」としながらも、一定の必要性や合理性があれば許容されるとして、憲法に違反しないとの判断を示しました（二〇一一年五月）。しかし、その後の訴訟では、最高裁は処分の内容が裁量権乱用にあたるとして、処分取消などの判断も示しています。

外国の学校では、国歌をどうあつかっているか

国歌斉唱について、外国の学校ではどうでしょうか。一九九九年に当時の文部省が調べた資料（「初等中等教育局国旗及び国歌に関する関係資料集」）によると、イギリスは大学の卒業式で王室がかかわる場合に斉唱、アメリカは各州政府に委ねる、フランスは入学式や卒業式自体がなく斉唱なし、ドイツとイタリアは通常演奏なし、カナダは各学校の判断、中国は月曜朝の斉唱を義務づけ、韓国は入学式や卒業式等で斉唱、でした。欧米諸国の多くは、スポーツの国際試合での斉唱や演奏はあっても、学校でのあつかいは一律強制ではありません。（大野一夫）

文献① 歴史教育者協議会『新版　日の丸・君が代・天皇・神話』（地歴社、一九九〇年）
② 石山久男『日の丸・君が代』（学習の友社、一九九九年）

コラム4

都教委などによる高校日本史教科書の採択排除問題

安倍政権のもとで、教科書に対する攻撃が強まっています。露骨な政治介入がおこなわれはじめました。文科省・教科用図書検定審議会は二〇一四年一月、社会科（高校は地理歴史科、公民科）について、検定基準の「改訂」をおこない、二〇一六年度使用の中学校教科書検定から適用するとしました。この「改訂」では、近現代史で通説がない数字などの事項はそれを明示する、特定の事柄を強調しすぎない、政府見解や最高裁判例がある場合はそれにもとづく記述をする等としており、「近隣諸国条項」を骨抜きにし、「南京事件」や「慰安婦」などの教科書記述を、政府の都合のよいように変えさせようとするものです。また「審査要項」の「改正」では、全教科で「教育基本法や学習指導要領の目標などに照らして重大な欠陥があれば検定不合格とする」を追加しました（**↓巻末資料2**）。これは、安倍内閣の教育再生改革の一環として、自民党が検討してきた、事実上の「国定教科書」づくりをめざすものです。

この動きを先取りし、地方教育委員会が勝手に「検定」をおこない、「気に入らない教科書」を採択しない（排除する）動きが、二〇一二年に東京などから始まりました。東京都教育委員会（都教委）は、二〇一三年度から使用する新教育課程用の実教出版『高校日本史A』における「国旗・国歌」に関する部分について、「一部の自治体で公務員への強制の動きがある」との「側注」の記述は「都教委の考え方とは相容れない」としました（**↓巻末資料1**）。そして、新教育課程の対象である一年生で日本史Aを教える一七校の学校長に、多いところでは四回も電話で「情報提供」と称する圧力をかけ、一校も「選定」（学校の希望のことで、従来これがそのまま教育委員会で採択されていた）させませんでした。これは、教育委員会が現場の教科書選択を踏みにじるという、戦後はじめての重大な問題でした。なお、横浜市立高校でも同様のことが起こっていました。

新教育課程用日本史教科書の採択対象が約二〇〇校に拡大する二〇一三年になると、都教委は、都立高校等で翌年度使用する教科書についての「見解」を、六月の定例教育委員会で、何の議論もなく「委員総意の下」として議決しました。「見解」

は、実教出版の『高校日本史A』『高校日本史B』について、「国旗・国歌」に関する先の記述は「都教育委員会の考え方と異なるものである」から「都立高等学校等において使用することは適切ではない」としました。都教委は、ただちに教育長名でこの「見解」を含む通知を都立学校長宛に出しました。そのなかでは「今後、東京都教育委員会はこの議決に基づいて教科書を採択していきます。このことを踏まえ、各学校においては、校長の責任と権限の下、適正に教科書の選定を行うようお願いします」とあります。都教委と校長の力関係からいえば「お願い」どころではなく、「選ぶな」との命令にほかなりません。実教出版の当該教科書を教科ではすでに選んでいた学校もありましたが、結局関係する約二〇〇校の都立高校などからの「選定」希望はひとつもなくなりました。

さらにこの動きは全国に波及し、大阪府では「維新の会」議員の介入で、教職員に起立斉唱を義務づけた府条例を「合憲性が確認された」などとする府教委作成の「補完教材」を生徒全員に配布することを条件に、実教出版の教科書を採択しました。神奈川県では県教委が「外部団体からの介入」をほのめかしつつ、実教版を選定した二八校に変更を強要し、すべてが変更させられました。埼玉県では、自民党議員などによる執拗《しつよう》な介入がおこなわれました。大阪市では、二〇一四年から市教委独自の判断で採択するとしました。この動きについて、育鵬社の教科書作成に深くかかわっている日本教育再生機構の機関誌は「国の検定の不備を、ただす」ことであり、「(偏向記述は)地方の採択で淘汰されて」「消えていく」(『教育再生』平成二五年一二月号)と語られています。国による事実上の「教科書国定化」を先取りし、地方から教科書の内容を変えさせる一環とみられます。

都教委などは、地方教育委員会に教科書採択権がある(文科省も追認)として、現場の教科書採択に介入しています。しかし、その根拠とする地方教育行政法には、教育委員会は「教科書その他の教材の取扱に関する」「事務」を「管理」「執行する」として、一般事務の管理について定めているにすぎません。本来、教科書の採択は、教育内容の編成に深くかかわる専門的事項であり、日常的に生徒の学力などの実態を把握している現場の意向が最大限尊重されるべきものです。日本政府も賛成して採択されたILO・ユネスコの「教員の地位に関する勧告」(一九六六年)でも「教員は……教材の選択と採用、教科書の選択、教育方法の適用などについて不可欠な役割を与えられるべきである」と述べられ、国際的にも認知されています。国民の歴史認識を変えさせようとする教科書への政治介入は許されるものではありません。(鈴木敏夫)

Q 18

「国のために犠牲になった人々を祀《まつ》る靖国神社への参拝を非難するのはおかしい」？

安倍晋三首相は二〇一三年一二月二六日に靖国神社に参拝し、「国のために戦い、尊い命を犠牲にされた御英霊に対して、哀悼の誠を捧げるとともに、尊崇の念を表し、御霊安らかなれとご冥福をお祈りしました」という談話（**→巻末資料４**）を出しました。安倍首相は、第一次政権のときに靖国神社に参拝できなかったことを「痛恨の極み」と述べていました。今回の参拝に対して、韓国・中国などアジア諸国や欧州からすぐさま非難の声があがり、アメリカ政府も「失望」を表明しました。

これまでも、首相が靖国神社に参拝するたびに、周辺諸国は非難してきました。なぜ、靖国参拝がここまで問題になるのでしょうか。靖国神社とはどういうところなのでしょうか。

天皇のために戦って死んだ人を祀る特別の神社

靖国神社を訪れると、ここは、まるで戦前の世界です。併設されている「遊就館」も、戦争を肯定する価値観をそのまま描いています。神社というと、日本の伝統的な神社と同列のように思われがちですが、多くの神社で

旧日本軍兵士の扮装で靖国神社に参拝する集団
（2013年8月15日、筆者撮影）

は死者を神として祀ることはありません。靖国神社の前身は東京招魂社で、戊辰戦争での新政府軍の戦没者を祀るために、一八六九年につくられました。七七年の西南戦争で政府軍の戦没者が増え合祀者が倍増すると、七九年に東京招魂社は別格官幣社靖国神社となります。別格官幣社とは、明治政府がおこなった神社の格付けで、伝統的な神ではない一般人の死者を神として祀る神社をさし、天皇と国のための神社という性格が強まりました。以後、日清戦争や日露戦争、日中戦争、アジア太平洋戦争の戦没者も、祭神として合祀していきます。これらの戦没者を安倍首相は「御英霊」と言いあらわしていますが、英霊とは、とりわけ戦没者の霊を敬って使う神道の用語です。靖国神社に合祀される人物は、戦争に従軍し戦没者となった軍人や軍属などで、戦争犯罪人として処刑された人も含めて、祭神の数は二四六万六〇〇〇に及びます。同じ戦争の犠牲者であっても、空襲で亡くなった多くの民間人が祭神となることはありません。一方、全国につくられた地方招魂社は一九三九年に護国神社と改称し、靖国神社の祭神を合祀するようになりました。

このように、同じ神社でも、明治以後の靖国神社や護国神社は、神社としてのなりたちが違っているわけです。靖国神社は、日本の侵略戦争、軍国主義を支えた特別な宗教施設です。戦死を名誉であるとして称え、戦没者の遺族に納得させるための施設でもありました。

戦前の『尋常小学修身書』巻四（一九二〇年）に「第三　靖国神社」という項目があります。そこには、「靖国神社は東京の九段坂の上にあります。この社《やしろ》には君のため国のために死んだ人々をまつってあります。春（四月三十日）と秋（十月二十三日）の祭日には、勅使をつかはされ、臨時大祭には天皇・皇后両陛下の行幸啓《ぎょうこうけい》になることもございます。君のため国のためにつくした人々をかやうに社にまつり、又ていねいなお祭をするのは天皇陛下のおぼしめしによるのでございます。わたくしどもは陛下の御めぐみの深いことを思ひ、こゝにまつつてある人々にならつて、君のため国のためにつくさなければなりません」と、靖国神社を位置づけています。

戦後、宗教法人となった靖国神社への公式参拝問題

敗戦後、国家神道の禁止と政教分離を命じた連合国軍総司令部（ＧＨＱ）の神道指令によって、靖国神社は民間の宗教団体となりました。日本国憲法で、信教の自由という基本的人権の保障（二〇条）、宗教団体への公金の支出や便宜をはかることを禁ずる政教分離の原則（第八九条）が定められました。その結果、国民を縛ってきた明治以後の国家神道は崩れていきました。

これに対し、日本遺族会は、戦没者を追悼する施設として、靖国神社の国家護持を要請していきます。一九六九年に自民党は「靖国神社法案」を国会に提出し、七四年にはこの法案が衆議院で可決されます。しかし、宗教的行為の疑いが強く反対運動も広がり、参議院で廃案となりました。首相や政治家の公式参拝が問題になったのは、これ以後のことです。八月一五日の終戦記念日に戦後はじめて参拝したのは三木武夫首相でした。三木首相以後の靖国首相参拝は、**表1**（次ページ）の通りです。

一九七八年の福田赳夫首相は、公式参拝について「政府行事としての決定がされるとか、玉串料《たまぐしりょう》の公費支出が判断基準」という政府統一見解を出して、「私人」としての参拝を強調します。八〇年に鈴木善幸首相は、「公式参拝は違憲の疑いを否定できない」という政府見解を出しました。中曽根康弘首相は「閣僚の靖国神社参拝問題に関する懇談会」（靖国懇）を立ち上げ、八五年に、宗教色を薄めた参拝であれば公式参拝も憲法が禁止する宗教

表１　歴代首相（三木首相以降）の靖国参拝

首相	回数	参拝年月日
三木武夫	3	1975.4.22 ／ 8.15 1976.10.18
福田赳夫	4	1977.4.21 1978.4.21 ／ 8.15 ／ 10.18
大平正芳	3	1979.4.21 ／ 10.18 1980.4.21
鈴木善幸	9	1980.8.15 ／ 10.18 ／ 11.21 1981.4.21 ／ 8.15 ／ 10.17 1982.4.21 ／ 8.15 ／ 10.18
中曽根康弘	10	1983.4.21 ／ 8.15 ／ 10.18 1984.1.5 ／ 4.21 ／ 8.15 ／ 10.18 1985.1.21 ／ 4.22 ／ 8.15
竹下　登	なし	
宇野宗佑	なし	
海部俊樹	なし	
宮沢喜一	1*	1992.11 ＊非公表参拝（公式に確認されていない）
細川護熙	なし	
羽田　孜	なし	
村山富市	なし	
橋本龍太郎	1	1996.7.29
小渕恵三	なし	
森　喜朗	なし	
小泉純一郎	6	2001.8.13 ／ 2002.4.21 2003.1.14 ／ 2004.1.1 2005.10.17 ／ 2006.8.15
安倍晋三	なし	
福田康夫	なし	
麻生太郎	なし	
鳩山由紀夫	なし	
菅　直人	なし	
野田佳彦	なし	
安倍晋三	1	2013.12.26

（2014 年 4 月現在）

的行為にはあたらないという新見解を示しました。

こうして公式参拝が始まりましたが、近隣諸国の反発を招き、八六年からは見送りになっていました。橋本龍太郎首相のときも「公式か私的か」を明確にしない参拝でした。ところが小泉純一郎首相時代に、靖国参拝がくりかえされていきます。談話では、先の大戦が侵略戦争であったことを指摘し「戦争犠牲者の方々すべてに対し、深い反省とともに、謹んで哀悼の意を捧げたいと思います。……私は、あの困難な時代に祖国の未来を信じて戦陣に散っていった方々の御霊の前で、今日の日本の平和と繁栄が、その尊い犠牲の上に築かれていることに改めて思いをいたし、年ごとに平和への誓いを新たにしてまいりました」（首相官邸ＨＰより）と述べ、靖国参拝を位置づけます。「信念を十分説明すれば、わが国民や近隣諸国の方々にも必ず理解を得られる」としましたが、近隣諸国にとって納得のいくものではありませんでした。

表２　主な靖国公式参拝訴訟

九州訴訟	①福岡地裁	1989年12月14日	憲法判断示さず
	②福岡高裁	1992年2月28日	継続すれば違憲
関西訴訟	①大阪地裁	1989年11月9日	憲法判断示さず
	②大阪高裁	1992年7月30日	違憲の疑い
九州・山口訴訟	①福岡高裁	2004年4月7日	違憲
大阪訴訟一次	①大阪地裁	2004年2月27日	憲法判断示さず
	②大阪高裁	2005年7月26日	憲法判断示さず
	③最高裁	2006年6月23日	憲法判断示さず
大阪訴訟二次	①大阪地裁	2004年5月13日	憲法判断示さず
	②大阪高裁	2005年9月30日	違憲

靖国参拝は、歴史認識と宗教の問題

外国からの批判ばかりが強調されますが、日本国内にも根強い批判があります。そこには、主に二点の論点があります。ひとつは歴史認識の問題、もうひとつは国家と宗教の関係の問題です。

靖国問題で第一に問われているのは、日本がすすめた戦争が侵略戦争であったことを認めるかどうかです。靖国神社は戦前・戦後を通じて戦争を鼓舞する神社ですから、侵略戦争だったと認めない人や政治家は、靖国参拝に積極的です。

すでにふれたように、靖国神社が国家の戦争に貢献する特別の施設であるとともに、アジア太平洋戦争のA級戦犯一四人（東京裁判の判決）も合祀されていることが問題なのです。この一四人は、一九七八年一〇月一七日の秋の例大祭前日に、ひそかに合祀されていました。合祀がわかってからは、昭和天皇は参拝しませんでした。

一方、首相の参拝が憲法に違反するかどうかは、主として政教分離の観点から、裁判で争われました。**表2**のうち、九州訴訟と関西訴訟は、中曽根首相の参拝について、九州・山口訴訟と大阪訴訟（一次、二次）は小泉首相の参拝についてです。大阪訴訟二次の大阪高裁判決は、違憲で確定しています。これまでにも、愛媛玉串料訴訟（知事の公費支出）では、最高裁が違憲と判断しています。司法の判断が下されても、時の首相や政府の都合のいい解釈で、靖国参拝がくりかえされてきたといえます。

それでも「なぜ靖国参拝がいけないのか」「心の問題だから、個人の自由」「そんなに目くじらをたてることはない」という声も聞かれます。しかし、国が特定の宗教法人を支援したり便益を与えたりすることは、政教分離原則に反し、国民の基本的人権を損なう行為であることは明らかです。首相参拝が四月と一〇月のある時期に多くみられますが、これはもっとも重要な祭事とされている靖国神社の例大祭の時期に重なります。

また、日本の侵略戦争で犠牲になったアジア諸国から見れば、侵略戦争をすすめた人たちが祭神となっている靖国神社に、日本の政治家・指導者が参拝することは許しがたいことでした。あの戦争に対する反省も謝罪もないことを意味していると考えるからです。

戦後の日本は、サンフランシスコ平和条約で東京裁判の結果を受け入れています。安倍首相の談話では「戦争犠牲者の方々の御霊を前に、今後とも不戦の誓い」をしたとも言っていますが、そうであるならば、靖国神社は、アジア諸国を含めたすべての戦争犠牲者を追悼する場としてふさわしくありません。戦没者慰霊の場としては、国が管理している千鳥ヶ淵戦没者墓苑（無名戦士の墓）もあります。ここには、二〇一三年五月現在約三五万八〇〇〇の遺骨が安置されています。

「侵略の定義は定まっていない」（→Q1）とか、東京裁判の判決を否定するような国会での答弁など、安倍首相の歴史認識こそ問い質されなければいけないでしょう。いま、首相が靖国参拝を強行したのは、「戦争ができる国」をめざし、戦死者を祀ることを想定したように映ります。

（大野一夫）

文献①　田中伸尚『靖国の戦後史』（岩波新書、二〇〇二年）
②　高橋哲哉『靖国問題』（ちくま新書、二〇〇五年）

Q19

「在日韓国・朝鮮人の強制連行はウソで、自分の意思で来日し居座っている」？

在日朝鮮人はどのように増えたか

まず、朝鮮半島が日本の植民地だった時期に、日本本土に在住していた朝鮮半島出身者（在日朝鮮人）の人口の増加ぶりを**表1**で見てみましょう。一九一〇年の韓国併合から五年たった一九一五年には、わずか三九八九人しかいませんでした。それが五年後の一九二〇年には、七・五倍の約三万人に増え、さらに一〇年後の一九三〇年には一〇倍の約三〇万人になります。それからは五年ごとに倍増を重ね、敗戦時には約二四〇万人に達しました。

この異常な在日朝鮮人の人口増の背景には、何があったのでしょうか。

日中戦争以前の日本移住の理由

日中戦争以前の一九一〇年代から三〇年代前半までの日本移住の増加の理由は、基本的に「強制連行」ではありりま

表1　在日朝鮮人の増加

1915 年	3,989 人
1920	30,175
1924	120,238
1930	298,091
1935	625,678
1938	799,865
1939	961,591
1940	1,190,444
1941	1,469,230
1942	1,625,054
1943	1,882,456
1944	1,936,843
1945	2,365,263

（出所）内務省警保局調べ

せん。しかし、その裏には、日本へ移住せざるをえなくなった理由があります。

その第一は、併合の年から一九一八年まで朝鮮でおこなわれた土地調査事業です（→Q9）。当時の朝鮮ではまだ近代的な土地所有権が確立しておらず、所有権があいまいな土地や、同族や村落の共有地も多く存在していました。日本の支配者は、近代的な土地制度を確立するためとして、朝鮮人に住所氏名、所有地の所在、面積などを、定められた期限内に申告するよう命じました。文字を読んだり書いたりすることができない農民は申告できませんでした。期限までに申告できなかった人もいました。共有地として利用されていた土地を、有力者が勝手に自分の土地として申告したため、その土地を利用できなくなった農民もいました。そして、申告されなかった土地は、すべて日本の国有地とされたのです。

こうして没収された土地は、日本の東洋拓殖会社という半官半民の会社や、日本の大地主などに払い下げられ、日本人の大地主が増えていきます。一方、土地を失った朝鮮の農民は、日本や「満州」、南太平洋、アメリカなど各地に移住せざるをえなくなりました。

第二に、一九一八年の日本の米騒動で米の不足が問題になると、日本は朝鮮での米の増産を計画し、一九二〇年代に朝鮮で産米増殖計画を実施します。その過程で灌漑《かんがい》施設の整備など土地改良事業がおこなわれると、中小農民が水利組合費などの負担に耐えきれず、土地を手離すケースが多く出てきます。こうして土地を失った農民も、仕事を求めて日本へ移住することになりました。

一九三五年の約六〇万人という数字が、これらの背景のもとでの日本への移住者数になります。

募集・斡旋《あっせん》という名の労働力強制動員

一九三七年に日中戦争が始まり、それが日本側の予想を越えて長引くようになると、多数の若者が徴兵で戦争に駆り出されることになり、軍需物資を生産しなければならない工場や炭鉱・鉱山では、労働力不足が深刻になります。業者団体の石炭連合会から要請を受けた政府は、一九三九年に警察機関も関与して「朝鮮人労務者募集要項」を決定しました。ここから、「集団募集」といわれる段階になります。

朝鮮総督府は、朝鮮人労務者募集の許可を受けた企業の募集人員を、各地方ごとに割り当てました。割り当てられた地方に企業の労務担当者が乗り込んで、朝鮮総督府の行政機関と協力しながら募集をおこないます。ですから、募集といっても、実態は行政と企業が一体となって各地域に人数を割り当てて人員を確保するという、半ば強制的なかたちでした。それに、一九三九年に起こった大干ばつによる農民の困窮も、「募集」に応じざるをえない状況をつくりだしていました。

集団募集で集められた労働者の雇用期間は二年となっていました。募集の際の約束とあまりにも違う過酷な労働条件だったので、二年の契約期間が終わったら帰国を望む労働者も多数いました。それは同時に、新たな労務者の募集が難しくなることも意味していました。そこで、いっそう強制的な新しい段階の労務者確保の制度として、四二年から「官斡旋」が始まります。「官斡旋」とは、企業から労務者斡旋の申請を受けた総督府が、地方行政機関に人員の割り当てをおこない、それを達成するために、企業の労務担当者が総督府の「労務補導員」を兼ね、行政機関と企業が、より一体化したかたちで割り当て数の労務者を確保することになります。この段階で、割り当て人数の確保のために、文字どおりの強制連行＝拉致《らち》がおこなわれるようになります。「町を歩いていたら警官に呼び止められてそのまま連行された」「田んぼで働いていたら突然つかまった」などの証言（**→文献②**）が、それを示しています。

国民徴用令にもとづく強制動員

国内の労働者を強制的に動員したり、配置転換したりすることのできる国民徴用令が、一九三九年に成立しま

表2　朝鮮人労働者「国民徴用」実施状況（1941～45年の合計）

朝鮮から	43,679人
朝鮮からの官斡旋労務者の現員徴用	260,145
日本内地から	222,082
南方から	135
計	526,041

（出所）朴慶植『朝鮮人強制連行の記録』（未來社，58ページ）

す。当初は日本本土だけに適用されていましたが、四四年から朝鮮にも適用されることになり、まさに強制的に、工場鉱山などの労働に動員できるようになりました。国民徴用令の朝鮮人への適用は、すでに官斡旋で日本へ連行されていた労働者の契約期間満了後の「現員徴用」、在日朝鮮人の徴用も含め、計五〇万人にのぼっています（**表2**）。

なお、四四年から徴兵制も朝鮮にも施行され、それ以前の志願兵も含め、三六万四〇〇〇人の朝鮮人が日本軍兵士となりました。これらの兵士のなかには、敵国捕虜の監視任務につき、捕虜虐待などの罪で処刑された人もいます（**→Q14**）。

戦後の在日韓国・朝鮮人

表1にあるように、一九四五年の時点で在日朝鮮人の数は、約二四〇万人にのぼっています。朝鮮人にとっては、それまでの植民地支配者だった日本の敗北は、植民地状態からの解放を意味しました。過酷な労働を強制されていた人々も含めた多くの在日朝鮮人は、祖国への帰国をめざしました。帰国の手段は十分ではありませんでしたが、それでも日本の敗戦からほぼ一年のあいだに、推定約一七〇万人が帰国し、四六年三月に厚生省に登録した在日朝鮮人は約六五万人でした。

一方、戦後の朝鮮半島は、アメリカ・ソ連の二大国のアジア支配戦略に翻弄され、国の独立も実現せず、米ソによる南北分断の動きがすすみ、政情も不安定になっていきます。しかも長く日本に住んでいた人にとっては、帰国後の生活のめども立ちにくい状況がありました。その上、日本から持ち帰ることが許される金銭と荷物は制限されていました。そうした事情がからんで、約六五万人の朝鮮人がそのまま日本に残ることになったのです。

植民地時代に大きな被害を与えたにもかかわらず、日本に残った在日朝鮮人に対する日本政府の施策は冷たいものでした。在日朝鮮人は、朝鮮に独立国家が成立していない状況のもとで、国籍は引き続き日本とされましたが、一方、四五年の選挙法改正で選挙権を奪われました。その後、四七年の日本国憲法施行の前日に公布された「外国人登録令」によって、日本国籍を持ったまま外国人とみなされることになりました。さらに、五二年のサンフランシスコ平和条約発効とともに、国籍選択の自由をいっさい認めず、一律に日本国籍を剥奪されました。そのさい、外国人登録証の国籍欄は、当初すべて国籍ではなく地域をさす呼称としての「朝鮮」とされていました。その後、国籍としての「大韓民国」（韓国）への書き換えが可能となり、さらに日韓基本条約にもとづく協定で在日韓国人に永住権が認められるようになったなどの事情もあって、韓国籍に書き換える人も増えました。こうして現在、在日韓国・朝鮮人には「韓国」籍の人と、韓国籍に書き換えずに「朝鮮」籍のままの人がいます。この経過からもわかるように、「朝鮮」籍はもともと地域をさす呼称であって、朝鮮民主主義人民共和国（北朝鮮）籍を示すものではありません。なお現在は、「朝鮮」籍であっても日韓協定による永住権が認められています。

日本国籍を失った結果、朝鮮人の元日本軍兵士には戦傷病者戦没者遺族援護法の適用が除外され、在日韓国・朝鮮人の人々には指紋押捺《おうなつ》や外国人登録証の常時携帯が義務づけられる一方、社会保障の適用が制限され、就職差別の問題も起きました。韓国・朝鮮人としての民族教育の権利は、政府の政策によって厳しい制約をいまだに受けています。

日本政府がこうした措置をとった背景には、アメリカ占領軍が米ソ対決のなかで、在日朝鮮人には共産主義者が多いとみなし、その権利を制限し弾圧を加える政策をとったことがあります。こうしたことは、在留外国人にも自国民と同等の権利を保障する、世界の流れに反することです。

そのことをきちんと認識しながら、とくに日本の場合は、日本の植民地支配の責任を真摯に受けとめる姿勢で、在日韓国・朝鮮人の地位の向上に努める必要があります。

二世や三世も含め、いまも日本に住み働く在日韓国・朝鮮人の方々は、日本の社会のなかで市民としての役割を果たしながら、日本人とともに友好的に生きていくことを望んでいます。在日の方々の権利の問題では、指紋押捺の廃止、健康保険・児童扶養手当の適用、公務員採用の拡大など、ようやく改善がすすんでいる面もありますが、今後さらに地方参政権をどうするか、民族教育の権利をどう保障するかなど、残された課題もたくさんあります。これらをきちんと解決していくことが、日本の戦争責任、植民地責任を果たすことにつながることも意識しておきたいものです。

（石山久男）

文献①　作成委員会編『在日コリアンの歴史』（明石書店、二〇〇六年）
②　朴慶植『朝鮮人強制連行の記録』（未來社、一九六五年）

Q20 「アジア諸国に対する賠償問題はすべて解決しており、韓国などの要求は筋違い」？

一九九〇年以来、韓国・中国などアジア諸国や、アメリカ・イギリス・オランダ・オーストラリア・ニュージーランドの個人によって、日本が戦時中または植民地時代に与えた損害の補償を、日本政府や関係企業などに求める裁判が多数提訴されました。原告となった人々はさまざまで、日本軍「慰安婦」とされた人、強制連行され過酷な労働を強制された人、未払い賃金がある人、植民地統治下で日本軍兵士や軍属にされた人、そのため負傷したのに援護を拒否された人、日本軍人として戦争犯罪に問われ服役・処刑された人やその遺族、軍票の強制使用で損害を受けた人、南京虐殺・七三一部隊・平頂山事件・無差別爆撃・遺棄毒ガスの被害者などです。

戦後補償についての日本政府の立場

これに対し日本政府は、原告の請求は法的に認められる余地がない、だから事実関係についても調べる必要はないと主張してきました。その理由は次のとおりです。

①国際法違反を理由に、被害者個人が直接に日本政府に賠償を請求することはできない。

②戦前は、国が違法に個人の権利を侵害しても、国は損害賠償の責任を負わないことになっていた（国家無答責）。
③日本の民法では、不法行為が発生してから二〇年間賠償請求をしないと請求権は消滅する（除斥期間の規定）。
④日本と各国のあいだで戦後結ばれた平和条約によって、戦中に発生した損害に対する賠償請求権はすでに解決済みである。

裁判では、日本政府の主張が全面的に認められたわけではなく、被害の事実を認定した上で、国の行為を違法とした判決や、国家無答責や除斥期間の規定は適用されないとの判決もあります。しかし確定判決の結論では、すべて日本政府に補償の義務はないとされました。

敗戦国が戦勝国に賠償を支払うという考え方の変遷

そもそも、戦後に戦争の相手国に賠償を払うことについては、どう考えられてきたのでしょうか。第一次世界大戦前までは、戦勝国が戦争による自国の損害だけでなく、自国の戦費まで含む「償金」を敗戦国に支払わせるのが普通でした。戦勝国は、領土や資源、償金を獲得して大きな経済的利益を得ました。しかし、総力戦といわれる大規模な戦争となった第一次大戦では、敵・味方、兵士・民間人を問わず、膨大な死傷者と物的損害が生じました。それによって戦争に対する考え方が大きく変わりはじめ、いくつかの新しい考え方が生まれてきます。

ひとつは、「償金」を課すことで敗戦国の経済に壊滅的打撃を与えることは、貿易などによる相互交流・依存が発展しているなかでは、戦勝国の経済にもかえって不利益が生ずるという考え方です。そこで、敗戦国の不法行為によって発生した人的・物的損害に限定して「賠償」を求めるという方向に変わっていきますが、その際、何が不法行為にあたるのかという問題が生じてきます。

一方で、莫大な戦争被害を前にして、侵略戦争、あるいは戦争そのものを違法とする考え方が広まっていきます。第一次大戦前は、すべての国家は無差別平等に戦争する権利がある（無差別戦争観）と考えられていましたが、それが否定され、戦争違法化の時代へとすすんだのです。そこで、違法な（侵略）戦争を起こした責任、そのなかでの国際法違反の不法行為の責任、すなわち戦争責任が問われることになりました（**→文献①②**）。

第二次大戦で戦勝国となった米英など連合国は、ファシズムによる独裁に反対し民主主義を守るために、世界制覇をめざす日本・ドイツ・イタリアの侵略と戦うことを戦争の目的にかかげ、国民の支持を得ました。領土や資源などの経済的利益のためではないと宣言したのです。ですから、日本が戦争や武力で奪った領土以外は、戦争に負けたからといって、連合国に奪われることは基本的にはありませんでした（ただし、千島など一部にその原則から外れた部分があります）。日本の独立が決まった一九五二年のサンフランシスコ平和条約では、原則として連合国は、日本に対する賠償請求権を放棄しました。ただし、アジア諸国からの強い要求があり、その後各国とのあいだの二国間条約で、賠償または資金供与を日本がおこなっています。平和条約に参加しなかった中華人民共和国も、七二年の日中国交正常化に際して、日本に対する賠償請求権を放棄しました。

戦争被害者個人への戦後補償という考え方

第一次大戦時に生まれた、不法行為によって発生した人的・物的損害について賠償するという考え方は、国だけではなく個人も対象になるのは当然です。

第二次大戦後のドイツ連邦共和国（統一前の西ドイツ）は、戦中のナチス党政権時代に強制収容所で労働を強制された人々や、大量虐殺の犠牲となった人々とその遺族に対し、一九五六年に成立した連邦補償法にもとづき年金などを支給しつづけています（二〇三〇年までに約九兆六〇〇〇億円）。さらにその後、東西ドイツ統一後も含め、西欧諸国やポーランドとの協定で、被害者に計一二〇〇億円を支払いました。

戦勝国のアメリカも、戦時中の日系人の強制収容について謝罪し、一人二万ドルの補償金を支払いました。日本政府も、ソ連による戦後の日本兵のシベリア抑留について、国家としての補償請求権は消滅しているが、個人としての請求権は消滅していないという見解を示しています。

さらに国連人権小委員会は、被害者が名乗り出るようになった「慰安婦」問題などを念頭において、戦争や武力行使が重大な人権侵害を引き起こすととらえ、「人権と基本的自由の重大な侵害を受けた被害者の原状回復、賠償および更生を求める権利についての研究」を一九八九年から開始し、それにもとづき、その後いくつもの決議や勧告が国連諸機関によって採択されています（→**巻末資料6**）。戦争による個人の人権侵害に対しては、かならず補償をしなければならないという考え方が、国際的にもはっきり成立することになったのです。したがって、国家間の賠償問題は解決しても、個人に対する被害の補償の問題は残ることになるのです。

戦後補償問題は日本国民自身の問題

他国民への戦後補償問題を考える前に、ここで日本国民の戦争被害への補償問題を考えておきましょう。日本国民の戦争被害のうち、軍人・軍属やそれに準ずると認められた人に対しては、独立後に復活した軍人恩給と遺族等援護法により一定の補償がされています。しかし、それ以外の一般民間人の戦争被害については、原爆被爆者の一部を除き、まったく補償されていません（→**文献③**）。その根拠として日本政府が主張しているのは、先に挙げた国家無答責と除斥期間の規定のほか、「受忍論」があります。それは「およそ戦争という国の存亡をかけての非常事態のもとにおいては、国民がその生命・身体・財産等について、その戦争によって何らかの犠牲を余儀なくされたとしても、それは、国をあげての戦争による『一般の犠牲』として、すべての国民がひとしく受忍しなければならない」（「原爆被爆者対策基本問題懇談会」意見書、一九八〇年）というものです。

最近、東京大空襲をはじめとする各地の空襲犠牲者とその遺族が原告となり、空襲被害の補償を求めて裁判に訴えました。最高裁確定判決では、受忍論が全面的に採用されたわけではありませんが、結論は原告敗訴となりました。しかし判決は、法的には政府の補償義務はないが、新たな立法によってなんらかの解決をはかるよう付言しました。それを受けて、立法による補償問題解決を求める運動が現在すすめられています。

戦争被害は、他国民・自国民を問わず補償しなければならないのです。それは単に被害者だけの問題ではなく、二度と戦争を起こさない保証ともなるでしょう。さらに大事なことは、戦後補償問題を日本対韓国、日本対中国という国家間の問題として考えるのではなく、戦争の被害を受けた一般民衆と、戦争被害を起こした責任のある国家の支配者との関係として考えることです。そう考えると、戦後補償の問題は、他国の人にどれだけのお金をあげるかという問題ではなく、日本国民自身の問題であり、同時に自分自身がこれから戦争の危険にさらされることなく、人権を尊重されて生きていくことができるような社会にできるかどうかの問題でもあるのです。

戦後補償問題をどう解決するか

その上で、いま国家間の問題としても対立が深まっている、韓国の元「慰安婦」への補償問題について、どう解決するかを考えてみましょう。

日本と韓国は一九六五年に日韓基本条約を結び、国交を樹立しました。その際、請求権および経済協力に関する協定が同時に締結されました。その第一条は、日本が韓国に対して、三億ドルに相当する生産物・役務を無償提供することと、日本の生産物・役務の調達にあてられる二億ドル相当の資金を長期低利で貸し付けることを決めています。日韓基本条約には、九五年以降の政府見解で示されているような、植民地支配への謝罪の表明はまったくありません。計五億ドルの資金供与は、韓国側の要求に応じた、日本の国家責任を認めないかたちでのお詫びの印のようなものだったと考えられます。その上で、協定第二条は、両国および両国民間の請求権問題は、（いわば五億ドルで）「完全かつ最終的に解決された」と決めましたから、日本政府は「慰安婦」問題などでの新たな個人補償には応じられないとの態度をとりつづけています。

そこで、九三年の河野談話（→**巻末資料4**）を受けるかたちで九五年に設立された「女性のためのアジア平和国民基金」が元「慰安婦」に支給した「償い金」も、国家としての責任を認めた「国家による補償」ではなく、あくまでも国家としての責任を認めない「補償に代わる措置」でした。そのことを示すために、上記「国民基金」の事務経費と、国を対象にした医療・福祉支援事業の経費は国庫から支出しましたが、元「慰安婦」に渡された「償い金」は、あくまでも民間からの募金でまかなったのです。そのことが納得できなかったために、「償い金」を受け取らなかった韓国の元「慰安婦」の方は、全体の四分の三近くにのぼります（→**文献④**）。

日本政府に公式謝罪と補償を求めてきた元「慰安婦」の女性たちは、事態の打開をはかるため、ひとつの裁判を韓国憲法裁判所に提訴しました。韓国政府が、日本政府に対して謝罪と補償を求める努力を怠ってきたのは、憲法違反だとの判決を求める訴えです。二〇一一年八月三〇日、韓国憲法裁判所はその訴えを認め、韓国政府の不作為（必要な対応をとらなかったこと）は、被害者の基本的権利の重大な侵害を招いたので違憲だとの判決を言い渡しました。

前述のように、日本政府は請求権協定第二条によって、「慰安婦」問題を含むすべての賠償請求権は消滅したとの態度をとっていますが、韓国政府は、協定締結後に新たに日本政府の関与が明るみに出た「慰安婦」問題については、消滅した請求権のなかに含まれないという態度です。すると、明らかに日韓両国間に請求権協定の解釈をめぐって争いがあるのだから、その場合は同協定第三条の規定にもとづいて、外交的に解決する義務が韓国政府にあるのに、その義務を履行していないのは憲法違反だ、というのが判決の要旨です。

請求権協定第三条は、この協定の解釈に関する紛争は外交上のルートで解決すること、それができないときは国際的な仲裁委員会に付託し、両国はその決定に従うと定めています。日本政府も事実として紛争がある以上、そのことを認め、第三条に従って解決する義務があります。韓国政府はこの判決以後、日本政府に交渉を申し入れていますが、日本政府はすべて解決済みとして、交渉に応じていません。

日本軍「慰安婦」以外の問題も含めて、この暗礁《あんしょう》に乗り上げたような状況を、どう打開できるでしょうか。先述した東京大空襲についての最高裁判決は司法の責任を回避したともいえるものですが、それとも一脈通ずる最高裁判決が、西松建設の中国人強制連行事件で二〇〇七年に出されています。判決は、サンフランシスコ平和条約や二国間の日中平和条約を根拠に補償請求をしりぞけましたが、一方で、それはこれらの条約によって裁判上補償請求する権利がなくなったことを意味するけれども、請求権を実体的に消滅させるものではなく、債務者側の自発的対応と関係者の協議によって、被害者の救済に向けた努力をすることが期待されると付言しています。それにもとづき、西松建設の場合は、その後一定の和解が成立しました。

近隣諸国との平和的友好関係をつくるという大局的利益のために、政府と関係企業などが加害の事実と責任を認め、被害者への謝罪と一定の補償を自発的におこなうこと、それを支える民衆の運動と世論を高めることが、いま求められているのではないでしょうか。

（石山久男）

文献①　荒井信一『戦争責任論』（岩波書店、一九九五年）
②　藤田久一『戦争犯罪とは何か』（岩波書店、一九九五年）
③　田中伸尚ほか『遺族と戦後』（岩波書店、一九九五年）
④「戦争と女性への暴力」リサーチ・アクションセンター編『「慰安婦」バッシングを越えて』（大月書店、二〇一三年）

コラム5

加害の歴史を学ぶことは、「自虐史観」か

日本の近代史を学ぶとき、「強制連行」「慰安婦」「南京虐殺」といった加害の問題をあつかうと「自虐史観だ」といって攻撃する人たちがいます。「大東亜戦争は侵略戦争ではなかった。自衛のための戦いであった」というのが主な理由になっています。日本の加害ばかり教えるから「若者は日本人としての誇りを持てない」「日本人としての自覚と誇り、愛国心を取り戻さなければならない」というわけです。果ては「南京虐殺はなかった」などと何度も聞かされると、「そうかもしれない」と思ってしまう人たちもいます。

この「自虐史観」排除は、いまや政権与党である自民党の方針にもなっています。二〇一四年運動方針には「義務教育においては、子供が自虐史観に陥ることなく日本の歴史と伝統文化に誇りを持てるよう、教科書の編集・検定・採択において必要な措置を講じ、各手続きを積極的に公表させる」ということが書き込まれていました。

明治以降の日本がすすめた戦争を「自衛戦争」と位置づけるという歴史観は、これまでも政治家からくりかえし表明されてきました。

一九九三年八月一〇日、当時の細川護熙首相は個人的な見解と断り、就任記者会見で「私自身は侵略戦争であった、間違った戦争であったと認識している」と発言しました。その後の所信表明演説でも、「過去の我が国の侵略行為や植民地支配などが多くの人々に耐えがたい苦しみと悲しみをもたらした」と述べました。これを契機に立ち上げられたのが自民党の「歴史・検討委員会」であり、「細川発言は容認できない」という立場でした。その会がまとめた『大東亜戦争の総括』（九五年）は、戦後の歴史教育を「東京裁判史観」「自虐史観」とし、「日本人自身の歴史認識を取り戻す」ことを念願とします。以後、教科書を執拗《しつよう》に攻撃し、歴史をつくり変えようとする動きにつながっていきました。

二〇〇〇年、当時の石原慎太郎都知事の講演でも、日本の歴史に誇りを持とうという一節のなかで「……日露戦争……私たちは戦争に勝たなければ植民地にされた。食うか食われるかという、植民地主義という歴史の原理が、かつての世界を支配していたわけでありまして、私たちはそうした歴史を背景として、有色人種のなかではたったひとり強大な軍事産

業国家をつくりおおせた」（明治神宮鎮座八〇年大祭・教育勅語渙発一一〇周年祝記念大会講演）と語っています。

「自虐史観」という言葉の裏には、明治憲法の国家観に戻ろうとする意図が見え隠れしています。それは、自民党が二〇一二年四月二七日に決めた「日本国憲法改正草案」（以下、改憲草案）を読むとわかってきます。前文の「日本国は長い歴史と固有の文化を持ち」に始まり、随所で愛国心や郷土愛を強調しています。天皇の地位は、第一条で元首に位置づけています。国旗・国歌の尊重義務が国民に課され、自衛隊を「国防軍」にするとしています。改憲草案には、国民の権利に対する規制が目立ちます。家族相互扶助の規定、表現の自由を公益および公の秩序維持を理由に規制するなどです。その上、国民に憲法尊重義務を課し、他方で天皇の憲法尊重義務を外しています。いまの憲法にある「最高法規」という条文も削除しています。これらは総じて、国家権力を縛る憲法から、国民を縛る憲法への変質といえます。権利宣言としての憲法の本来の性質とは相容れないばかりでなく、権力者にとって都合のよい国家観・歴史観がにじみ出ているのです。

侵略戦争や加害の歴史に目を閉ざし、歴史事実をすり替え、過ちを過ちとして認めない姿勢は、人間の尊厳を傷つけるものです。自虐とは「自分で自分をいじめ苦しめること」を意味しますが、加害という負の歴史を学ぶことが自虐になるわけではありません。それで日本人としての誇りが持てないと考えるのは、歴史と真摯に向きあう姿勢を持ち合わせていないからです。

九三年に、「慰安婦」についての河野談話（→巻末資料4）が出された後、歴史教科書に「慰安婦」の記述が載りました（九七年）。すると「明るい日本」国会議員連盟などから記述削除の要求が出され、「自虐史観」だといって教科書攻撃が激しくなりました。このことに対して、日本の戦争を学んでいた当時の中学生は「いくら悪いことであっても知らないということは恥ずかしい。自分の住んでいる国の歴史も知らないなんてそれこそおかしいと思う」「（日本人としての誇りがあるということに対して）いやです。同じ日本人がこの発言をしたかと思うと怒りを覚えます。日本人のほこりって何でしょうか。汚い事実を隠すことなのですか。本当のほこりとは罪を認め謝ることではないでしょうか」「国のほこりなど関係なく人間としてこの問題を政府は受けとめるべきだと思います」などと意見を表明していました。

二〇一三年四月、下村博文文科相は「子供たちに、歴史というのは影の部分もあれば光の部分もあるわけでございまして、やはりこの日本はすばらしい、すばらしい伝統文化を誇ることの国に生まれてよかったと思ってもらうような歴史認識も教科書の中できちっと書き込むということは、大変必要なことであるというふうに思います」（四月一〇日、衆議院予算委員会）と述べました。この発言について、大学生の一人はレポートに次のようにまとめました。

「……その発言からは、日本人にとって過ちや犯罪といった黒の部分は削除し、白いきれいな部分だけ学んでいくというようにも受け取ることができる。その行動に、朝鮮の人たちは憤りを覚えている。そういった認識が私たちに欠如していることが問題なのである。歴史に正面から目を向けて、事実を認識して、しかるべき態度をとることを朝鮮の人たちは望んでいるのに、日本はそれをしようとしない。『日本人はきれいなままでいたいのだ』という、慰安婦だった韓国のお婆さんの言葉が記憶に残る」

中学生の意見にあるように、人間としての誇りこそ、日本人としての誇りにつながります。大学生が指摘するように、被害者の痛みを直視しない歴史認識や態度こそが問題です。戦争を美化し、大東亜戦争史観に根ざして歴史を書き換えることは、私たち自身の尊厳と誇りを傷つけるものではないでしょうか。

（大野一夫）

資料編

【1】塗り替えられた教科書記述

①各社の中学校歴史教科書における「慰安婦」記述の変遷（二〇〇六年版教科書からは本文で「慰安婦」の語句が消えている）

年度	1993	1997
教育出版	記述なし	①また、多くの朝鮮人女性なども、従軍**慰安婦**として戦地に送り出された。（「欲しがりません勝つまでは｜戦争と民衆」—戦争と国民生活」） ②そこには、元**慰安婦**、虐殺や強制連行・強制労働の被害者などがふくまれている。（「戦後補償問題のゆくえ」） ③一九九四年現在、上の写真の元従軍**慰安婦**のほか、強制連行・強制労働させられた人々：などから、二〇数件の戦後補償を求める裁判が起こされている。（「アジアの中の日本」） ④写真の説明：補償を求める韓国の元従軍慰安婦と、これを支援する日本の市民グループ。
東京書籍	記述なし	①従軍**慰安婦**として強制的に戦場に送りだされた若い女性も多数いた。（「戦時下の生活」—戦争の長期化と中国・朝鮮）
大阪書籍	記述なし	①また、朝鮮などの若い女性たちを**慰安婦**として戦場に連行しています。（「戦争の被害と民衆」—戦争と民衆） ②従軍**慰安婦**や強制連行、日本軍に動員された台湾の人々、国籍による戦後補償の差別などが大きな問題となっています。（「今に残る戦争の傷あと」—戦後補償問題） ③写真の説明：日本政府に戦後補償を求めて、デモ行進する韓国の元従軍**慰安婦**の人々（一九九四年、東京）
日本書籍	記述なし	①また、女性を**慰安婦**として従軍させ、ひどいあつかいをした。（「戦時下の国民生活」—ぜいたくは敵だ）
日本文教出版	記述なし	①**慰安婦**として戦場の軍に随行させられた女性もいた。（「アジアと太平洋の戦争」—戦時下の国民生活）
帝国書院	記述なし	①これらの地域の出身者のなかには、従軍**慰安婦**だった人々、：などがいます。日本のこれらの地域にたいする国家としての賠償は終わっていますが、現在、個人にたいしての謝罪と補償が求められています。（「いまも残る戦争の傷あと」） ②戦争にも、男性は兵士に、女性は従軍**慰安婦**などにかり出し、耐えがたい苦しみをあたえました。（「日中戦争のはじまり」—朝鮮人への皇民化政策）
清水書院	記述なし	①また、朝鮮や台湾などの女性のなかには戦地の慰安施設で働かされた者もあった。（「占領地域の人びとと国民の生活」—朝鮮人と中国人・台湾人の強制連行）

年度	2002	2006	2012
教育出版	記述なし	記述なし	記述なし
東京書籍	記述なし	記述なし	記述なし※1
大阪書籍	記述なし	記述なし	発行なし
日本書籍（新社）	①また、朝鮮などアジアの各地で若い女性が強制的に集められ、日本兵の**慰安婦**として戦場に送られました。（「まぼろしの大東亜共栄圏」） ②事実、これにもとづいて、強制連行された人たち、元**慰安婦**の女性や南京事件の犠牲者たちが、日本政府による謝罪と補償を求めて、次々に裁判をおこしています。（「日本の戦後処理」） ③写真の説明：金学順さんのうったえ　日本政府に謝罪と補償を求めて裁判を起こした金学順さん。（一九九一年）	①また、軍の要請によって、日本軍兵士のために朝鮮などアジアの各地から若い女性が集められ、戦場に送られました。（「まぼろしの大東亜共栄圏」） ②写真の説明：韓国の「太平洋戦争犠牲者遺族会」の日本政府への訴訟を報道する新聞（朝日新聞一九九一年一二月六日─新聞の見出しには「元従軍慰安婦ら三五人」とある。）	発行なし
日本文教出版	記述なし	記述なし	記述なし
帝国書院	①戦時中、慰安施設へ送られた女性や旧日本軍人として徴兵された韓国・台湾の男性などの補償問題が裁判の場にもちこまれるようになりました。（「結びつく日本と近隣諸国」戦後補償と近隣諸国の注記）	①戦時中、慰安施設へ送られた女性や、日本軍人として徴兵された韓国・台湾の男性などの戦後補償問題が裁判の場にもち込まれるようになりました。（「変化する世界と日本」戦後補償と近隣諸国の注記）	記述なし
清水書院	①また、戦地の非人道的な慰安施設には、日本人だけでなく、朝鮮や台湾などの女性もいた。（「占領地域の人びとと国民の生活」戦争と民衆）	記述なし	記述なし
扶桑社	記述なし	記述なし	発行なし
自由社	発行なし	発行なし（二〇一一年度使用教科書から発行開始、記述なし）	記述なし
育鵬社	発行なし	発行なし	記述なし

※1「日本は、植民地や占領地でも、厳しい動員を行いました。…動員は女性にもおよび、戦地で働かされた人もいました。」の記述のみ。

②「国旗・国歌」に関する教科書検定の経過（二〇〇二年度版 日本書籍『わたしたちの中学社会 公民的分野』教科書）

	記述内容	検定意見及び調整時のコメント、出典など
申請本記述	側注①日本では一九九九年に、日章旗（日の丸）を国旗に、君が代を国歌とする「国旗及び国歌に関する法律」が制定された。この法律は、思想・良心の自由に反するという意見もある。	【検定意見—指摘事項】国旗・国歌法の制定と憲法上の思想・良心の自由との関係について学習するためには、憲法の条文解釈に踏み込む必要があり、発達段階に適応しておらず、程度が高過ぎる。
一次修正表	側注①日本では一九九九年に、日章旗（日の丸）を国旗に、君が代を国歌とする「国旗及び国歌に関する法律」が制定された。この法律が学校行事などに強制されることをあやぶむ声もある。	【調査官の意見】法律が強制されるのはあたりまえのことであって、この訂正では通らない。また、この法律への批判記述を通すことは難しい。 【出版社の反論】法律一般の強制を言っているのではなく、この法律と学校行事との関係を述べているのだ。
二次案	側注①日本では一九九九年に、日章旗（日の丸）を国旗に、君が代を国歌とする「国旗及び国歌に関する法律」が成立した。 この法律を受けて、当時の文部大臣は、ある新聞で、「成立によって、論議あるものに結論が出たことは良かった。これで指導を強めたり、無理やり君が代を歌わせることはしない。学校現場では平和にやっていただきたい」と語った。	【執筆者の対応】一九九九年八月一一日の毎日新聞での有馬文部大臣の発言を引用。 【調査官の意見】ここまで立ち入った記述が必要なのか。
三次案	側注①日本では一九九九年に、日章旗（日の丸）を国旗に、君が代を国歌とする「国旗及び国歌に関する法律」が成立した。 成立に先立つ国会の審議では、政府は「生徒や児童の内心に入ってまで強要するものではない。」と説明した。	【執筆者の対応】政府見解は、一九九九年七月二一日の衆議院内閣委員会での野中官房長官の答弁、国会での政府見解の方がよいと判断した。 【調査官の意見】検定意見で示した「内心の自由」が入っているので難しい。
四次案	側注①日本では一九九九年に、日章旗（日の丸）を国旗に、君が代を国歌とする「国旗及び国歌に関する法律」が成立した。この成立を受けて、国歌斉唱や国旗掲揚が学校行事などに画一的に導入されることをあやぶむ声もある。	【出版社の対応】二次案の強制という表現をやめて提示する。 【執筆者の対応】四次案が通らなければ次の二つを準備する。①一九九九年七月二一日の衆議院内閣委員会での野中官房長官の法案提出理由「強制、義務はない」、②法制化をめぐる世論調査結果。 【調査官の意見】最終的にはこれまでの見解と同じ。
二次修正表・見本本	側注①日本では一九九九年に、日章旗（日の丸）を国旗に、君が代を国歌とする「国旗及び国歌に関する法律」が制定された。	

③各社の中学校歴史教科書における南京事件に関する記述の変遷

	1997年度版	2012年度版
教育出版	日本軍はシャンハイや首都ナンキンを占領し、多数の中国民衆の生命をうばい、生活を破壊した。ナンキン占領のさい、日本軍は、捕虜や武器を捨てた兵士、子ども、女性などをふくむ住民を大量に殺害し、略奪や暴行を行った（ナンキン虐殺事件）②。 ②：この事件の犠牲者は二〇万人といわれているが、中国では戦死者と合わせて三〇万人以上としている。	一二月に占領した首都の南京では、多数の捕虜や住民を殺害し国際的な非難を受けました（南京事件）①。 ①：この事件は、当時の国民には知らされず、戦後になって明らかにされました。
東京書籍	戦火は華北から華中に拡大し、日本軍は同年末に首都南京を占領した。その際、婦女子をふくむ約二〇万人ともいわれる中国人を殺害した（南京大虐殺）。	日本軍は、同年末に首都の南京を占領しました。その過程で、女性や子どもなど一般の人々や捕虜をふくむ多数の中国人を殺害しました（南京事件）①。 ①：この事件は、南京大虐殺として国際的に非難されましたが、日本の国民には
日本文教出版／大阪書籍	日本軍は、各地ではげしい抵抗にあい、南京では占領後に二〇万人といわれる民衆を虐殺し、諸外国から非難されました①。 ①：この事件は南京大虐殺事件といわれ、中国では虐殺数は三〇万人をこえると主張しています。 （大阪書籍）	日本軍は、各地ではげしい抵抗にあいながらも戦線を広げ、一二月に占領した首都南京では、捕虜のほか、女性や子どもをふくむ多数の住民を殺害しました（南京事件）③。 ③：当時、この事件は日本国民には知らされませんでした。戦後、極東国際軍事裁判に当時の調査資料が提出され、その
帝国書院	日本軍は南部に向かって侵攻し、上海や首都南京を占領しました。南京では女性や子供をふくむ多くの中国人を殺害し、諸外国から「日本軍の蛮行」と非難されました（南京大虐殺）。	日本軍は中国南部からも侵攻し、上海や当時首都であった南京を占領しました。南京では、兵士だけでなく、女性や子供をふくむ多くの中国人を殺害し、諸外国から「日本軍の蛮行」と非難されました（南京虐殺事件）。しかし、
清水書院	日本軍は中国各地で残虐行為をおこなった。とくに南京占領にさいして、武器を捨てた兵士、老人・女性・子どもまでふくめた民衆を無差別に殺害した。死者の数は、兵士をあわせて十数万以上といわれ、中国では三〇万以上と推計されている。諸外国は、この南京大虐殺事件を強く非難したが、当時の日本人のほとんどはこの事実さえ知らなかった。	同年一二月には、日本軍は国民政府の首都がおかれていた南京に入り、これを占領した。：南京占領の際は、兵士のほか、捕虜や武器を捨てた兵士や老人・女性・子どもを含む非戦闘員も無差別に虐殺され②、： ②：南京大虐殺とよばれる事件。諸外国はこの南京大
扶桑社／育鵬社	日本軍は国民党政府の首都南京を落とせば蒋介石は降伏すると考え、一二月、南京を占領した（このとき、日本軍によって民衆にも多数の死傷者が出た。南京事件）。 東京裁判では、日本軍が一九三七（昭和一二）年、日中戦争で南京を占領したとき、多数の中国人民衆を殺害したと認定した（南京事件）。なお、この事件の実態については資料の上で疑問点も出され、さまざまな見解があり、今日でも論争が続いている。（扶桑社、二〇〇二年初版）	日本軍は一二月に首都南京を占領しましたが④蒋介石は奥地の重慶に首都を移し、徹底抗戦をつづけたため、長期戦に突入しました。 ④：このとき、日本軍によって、中国の軍民に多数の死傷者が出た（南京事件）。この事件の犠牲者数などの実態については、さまざまな見解があり、今日でも論争が続いている。 （育鵬社）
日本書籍	宣戦布告のないまま日中戦争がはじまった。日本軍は華北に侵攻し、各地で多くの中国民衆の生命をうばい③、その生活を破壊した。 ③：日本軍は、ナンキン占領後から翌年二月半ばまでに、女性・子ども・捕虜をふくむ少なくとも一五万人から二〇万人ともいわれる中国人を虐殺した（南京事件）。	（発行なし）

知らされず、戦後の極東国際軍事裁判（東京裁判）で明らかにされました。被害者の数については、さまざまな調査や研究が行われていますが、いまだに確定していません。
後の研究で、部隊や将兵の日記にもさまざまな殺害の事例が記されていることがわかりました。ただし、知られていない殺害がどれだけあるのか、全体像をどうとらえればよいのかなど、さらに研究が必要な部分もあります。（日本文教出版）
このことは戦争が終わるまで、日本国民には知らされませんでした。
虐殺を強く非難したが、軍の統制を受けた報道によって当時の日本人はこの事実を知らなかった。

④沖縄戦「集団自決」に関する教科書検定の経過（二〇〇六年度検定に提出された二〇〇八年度版高校日本史教科書）

	申請本（白表紙本）の記述（2006年4月）	検定合格後の見本本の記述（2007年3月）
山川出版『日本史A』	日本軍によって壕を追い出されたり、あるいは集団自決に追い込まれた住民もあった。	日本軍に壕から追い出されたり、自決した住民もいた。
第一学習社『高等学校日本史A』	集団自決のほか、スパイ容疑や、作戦の妨げになるなどの理由で日本軍によって殺された人もいた。	（右に同じ）
三省堂『日本史A』『日本史B』	日本軍に「集団自決」を強いられたり、戦闘の邪魔になるとか、スパイ容疑をかけられて殺害された人も多く、沖縄戦は悲惨をきわめた。	追いつめられて「集団自決」した人や、戦闘の邪魔になるとか、スパイ容疑を理由に殺害された人も多く、沖縄戦は悲惨をきわめた。
東京書籍『日本史A 現代からの歴史』	日本軍がスパイ容疑で虐殺した一般住民や、集団で「自決」を強いられたものもあった。 資料　金城重明証言（略）	集団自決においこまれたり、日本軍がスパイ容疑で虐殺した一般住民もあった。 資料　金城重明証言（略）
清水書院『高等学校日本史B』	日本軍に集団自決を強制された人もいた。	集団自決に追い込まれた人々もいた。
実教出版『日本史B』	日本軍により、県民が戦闘の妨げになるなどで集団自決に追いやられたり、幼児を殺されたり、スパイ容疑などの理由で殺害されたりする事件が多発した。	県民が日本軍の戦闘の妨げになるなどで集団自決に追いやられたり、日本軍により幼児を殺されたり、スパイ容疑などの理由で殺害されたりする事件が多発した。
実教出版『高校日本史B』	日本軍は、県民を壕から追い出し、スパイ容疑で殺害し、日本軍のくばった手榴弾で集団自害と殺しあいをさせ、八〇〇人以上の犠牲者を出した。	日本軍は、県民を壕から追い出したり、スパイ容疑で殺害したりした。また、日本軍のくばった手榴弾で集団自害と殺しあいがおこった。犠牲者はあわせて八〇〇人以上にのぼった。

訂正申請の記述（2007年12月）	当初の訂正申請の記述（2007年11月）	
（右に同じ）	日本軍によって壕を追い出されたり、あるいは集団自決に追い込まれた住民もあった。	山川出版『日本史A』
スパイ容疑や作戦の妨げになるなどの理由で、日本軍によって殺された人もいた。日本軍は住民の投降を許さず、さらに戦時体制下の日本軍による住民への教育・指導や訓練の影響などによって、「集団自決」に追い込まれた人もいた。	日本軍によって、集団自決に追い込まれたり、スパイ容疑や作戦の妨げになるなどの理由で殺されたりした人もいた。	第一学習社『高等学校日本史A』
戦闘の妨げやスパイ容疑を理由に殺された人もいた。さらに、日本軍の関与によって集団自決に追いこまれた人もいるなど、沖縄戦は悲惨をきわめた。② ②：最近では、集団自決について、日本軍によってひきおこされた「強制集団	日本軍に手榴弾を手渡されて自決を強要された人々（「集団自決」）②や、戦闘の邪魔になることやスパイ容疑を理由に殺害された人びともおり、沖縄戦は悲惨をきわめた。 ②：「集団自決」については、軍が関与した「強制集団死」であるという説がある。	三省堂『日本史A』『日本史B』
日本軍によって「集団自決」②においこまれたり③、スパイ容疑で虐殺された一般住民もあった。 ②：これを「強制集団死」とよぶことがある。 ③：敵の捕虜になるよりも死を選ぶことを説く日本軍の方針が、一般の住民に対しても教育・指導されていた。 資料　金城重明証言（追加分） 日本軍はすでに三月二十日ごろには、三十名ほどの村の青年団員と役場の職員に手榴弾を二こずつ手渡し、「敵の捕虜になる危険性が生じたときには、一こは敵に投げ込みあと一こで自決しなさい」と申し渡したのです。…いよいよ二十八日の運命の日がやってきました。（その他　略）	日本軍によって「集団自決」②においこまれたり、スパイ容疑で虐殺された一般住民もあった。 ②：これを「強制集団死」とよぶことがある。 資料　金城重明証言（追加分） 軍から命令が出たとの知らせがあり、いよいよ手榴弾による自決が始まりました。操作ミスが原因でわずかの手榴弾しか発火しません。そのため死傷者は少数でした。しかし結果はより恐ろしい惨事を招いたのです。（その他　略） 二〇〇七年の教科書検定の結果、沖縄戦の「集団自決」に日本軍の強制があった記述が消えたことが問題になった④。 ④：沖縄県では、同年九月には「検定撤回」を求める県民大会が、一九九五年の県民大会を大きくこえる規模で開催された。	東京書籍『日本史A　現代からの歴史』
軍・官・民一体の戦時体制のなかで、捕虜になることは恥であり、米軍の捕虜になって悲惨な目にあうよりは自決せよ、と教育や宣伝を受けてきた住民のなかには、日本軍の関与のもと、配布された手榴弾などを用いた集団自決に追い込まれた人々もいた。	手榴弾を配布されたり、玉砕を強いられたりするなど、日本軍の強制によって集団自決に追い込まれた人々もいた。	清水書院『高等学校日本史B』
日本軍により、戦闘の妨げになるなどの理由④で県民が集団自決に追いやられたり、幼児を殺されたり、スパイ容疑をかけられるなどして殺害されたりする事件が多発した。 ④：住民は米軍への恐怖心をあおられたり、捕虜となることを許さ	日本軍により、戦闘の妨げになるなどの理由で県民が集団自決に追いやられたり、幼児を殺されたり、スパイ容疑をかけられるなどして殺害されたりする事件が多発した。	実教出版『日本史B』
日本軍は、県民を壕から追い出したり、スパイ容疑で殺害したりした。また、日本軍は、住民に対して米軍への恐怖心をあおり、米軍の捕虜となることを許さないなどと指導したうえ、手榴弾を住民にくばるなどした。このような強制的な状況	日本軍は、県民を壕から追い出したり、スパイ容疑で殺害したりした。また、日本軍は、住民に手榴弾をくばって集団自害と殺しあいを強制した。犠牲者はあわせて八〇〇人以上にのぼった。	実教出版『高校日本史B』

承認された	同教科書2013・14年版の記述
	日本軍によって壕を追い出されたり、あるいは集団自決に追い込まれた住民もあった。
	スパイ容疑や作戦の妨げになるなどの理由で、日本軍によって殺された人もいた。日本軍は住民の投降を許さず、さらに戦時体制下の日本軍による住民への教育・指導や訓練の影響などによって、「集団自決」に追い込まれた人もいた。
死」とする見方が出されている。	発行なし
二〇〇七年の教科書検定の結果、沖縄戦の「集団自決」に日本軍の強制があった記述が消えたことが問題になった④。 ④…沖縄県では、県議会・全市町村議会で検定意見の撤回を求める意見書が可決され、同年九月には大規模な県民大会が、開催された。	日本軍によって「集団自決」②においこまれたり③、スパイ容疑で虐殺された一般住民もあった。 ②…これを「強制集団死」とよぶことがある。 ③…敵の捕虜になるよりも死を選ぶことを説く日本軍の方針が、一般の住民に対しても教育・指導されていた。 資料　金城重明証言（追加分） 日本軍はすでに三月二十日ごろには、三十名ほどの村の青年団員と役場の職員に手榴弾を二こずつ手渡し、「敵の捕虜になる危険性が生じたときには、一こは敵に投げ込みあと一こで自決しなさい」と申し渡したのです。…いよいよ二十八日の運命の日がやってきました。（その他　略） （写真）教科書検定意見撤回を求める県民大会（二〇〇七年九月二九日、沖縄県宜野湾市） 二〇〇七年の教科書検定の結果、沖縄戦の「集団自決」に日本軍の強制があったという記述が削除されたことから、沖縄県では、県議会・全市町村議会で検定意見の撤回を求める意見書が可決されるなど、抗議の声がわき起こった。
	軍・官・民一体の戦時体制のなかで、捕虜になることは恥であり、米軍の捕虜になって悲惨な目にあうよりは自決せよ、と教育や宣伝を受けてきた住民のなかには、日本軍によって集団自決に追い込まれた人々もいた。 「地域史4　現代の沖縄」 一九四五年三月、連合国軍が沖縄の慶良間列島に上陸し、地上戦が始まった。極度の混乱に陥った住民は、捕虜になることを恐れ、日本兵による命令によっても集団自決をとげた。…スパイ容疑などで日本軍によって殺される住民もあり、悲惨な状況がつづいた。
れなかったり、軍とともに戦い、軍とともに死ぬ（「共生共死」）ことを求められたりもした。	日本軍により、戦闘の妨げになるなどの理由④で県民が集団自決を強いられたり、幼児を殺されたり、スパイ容疑で殺害されたりする事件が多発した。 ④…住民は米軍への恐怖心をあおられ、捕虜となることも許されず、軍とともに戦い、軍とともに死ぬ（「共生共死」）ことを強制された。
のもとで、住民は、集団自害と殺しあいに追い込まれた。これらの犠牲者はあわせて八〇〇人以上にのぼった。	日本軍は、県民を壕から追い出してアメリカ軍の攻撃にさらしたり、沖縄の言葉で話をするとスパイ容疑で殺害したりした。また、日本軍は、手榴弾をくばるなどして、八〇〇人以上の県民を「集団自決」（強制集団死）に追い込んだ。

※教科用図書検定調査審議会第二部会日本史小委員会「平成一八年度検定決定高等学校日本史教科書の訂正申請に関する意見に係る調査審議について（報告）」（平成一九年一二月二五日）より作成したものに平成二四、二五年度検定教科書の記述を加筆。

【2】教科書検定基準

①義務教育諸学校教科用図書検定基準（文部科学省告示第三三号、二〇〇九年三月四日）

社会科（「地図」を除く。）

2　選択・扱い及び構成・排列

(1)（略）

(2)未確定な時事的事象について断定的に記述していたり、一面的な見解を十分な配慮なく取り上げていたりするところはないこと。

(3)近隣のアジア諸国との間の近現代の歴史的事象の扱いに国際理解と国際協調の見地から必要な配慮がされていること。

(4)著作物、史料などを引用する場合には、評価の定まったものや信頼度の高いものを用いており、その扱いは公正であること。また、法文を引用する場合には、原典の表記を尊重していること。

(5)日本の歴史の紀年について、重要なものには元号及び西暦を併記していること。

※(3)がいわゆる「近隣諸国条項」。高等学校でも基本的に同内容。

②二〇一四年一月一七日「義務教育諸学校教科用図書検定基準及び高等学校教科用図書検定基準の一部を改正する告示」（文部科学省告示第二号）による改定

(2)未確定な時事的事象について断定的に記述していたり、特定の事柄を強調し過ぎていたり、一面的な見解を十分な配慮なく取り上げていたりするところはないこと。（傍線部を追加）

(3)近現代の歴史的事象のうち、通説的な見解がない数字などの事項について記述する場合には、通説的な見解がないことが明示されているとともに、児童又は生徒が誤解するおそれのある表現がないこと。（追加）

(4)閣議決定その他の方法により示された政府の統一的な見解又は最高裁判所の判例が存在する場合には、それらに基づいた記述がされていること。（追加）

※二〇一六年度以降使用される教科書の検定に適用される。高等学校でも基本的に同内容。

③「教科書検定の改善について（審議のまとめ）」（教科用図書検定調査審議会、二〇一三年一二月二〇日）

2　教科用図書検定基準等の改正について

（1）教科用図書検定基準の改正について

（略）

○『教科書改革実行プラン』においては、バランス良く教えられる教科書となるよう、社会科の検定基準を見直し、①通説的な見解がない事柄を記述する場合や、特定の見解を強調して記述している場合などに、よりバランスの取れた記述にすること、②政府の統一的な見解や確定した判例がある場合には、それらに基づいた記述も取り上げられていること、といった内容を新たに盛り込むべきであるとの考えが示されている。

○これに基づき、検定基準の社会科固有の条件について、以下のような改善を図ることの提案があり、適当であると考える。

①未確定な時事的事象について記述する場合に、特定の事柄を強調し過ぎていたりするところはないことを明確化する。

②近現代の歴史的事象のうち、通説的な見解がない数字などの事項

について記述する場合には、通説的な見解がないことが明示されているとともに、児童生徒が誤解しないようにすることを定める。
③閣議決定その他の方法により示された政府の統一的な見解や最高裁判所の判例がある場合には、それらに基づいた記述がされていることを定める。
○①について、前述のとおり、「未確定な時事的事象」に関する規定は従前から検定基準の社会科固有の条件に定められており、「未確定」であるかどうかの判断については、これまで同様、申請図書の調査審議の時点において、当該事象について得られる専門的・学術的な知見に基づき、判断されることとなる。
○②について、どのような学説をもって通説と考えるかの判断には難しい面があるが、特定の歴史認識や歴史事実を確定するという立場に立って行うものではないことは言うまでもない。申請図書の調査審議の時点における客観的な学説状況等に照らして、いまだ「通説的な見解」として広く受け入れられている学説がない状況において、申請図書の記述では児童生徒にとって誤解するおそれのあるものとなっていないかといった観点から、判断されることとなる。
○③について、著作・編集に係る民間の創意工夫を生かし、多様な教科書の発行を期するという制度の趣旨から考えると、政府の見解や判例と異なる考えに基づく記述がされることを認めないというものではなく、児童生徒の多面的・多角的な考察に資するような記述を求める趣旨であると考えることが適当である。また、政府の統一的な見解については、閣議決定などの手続を経ている、あるいは、ある程度の安定性をもっているものである、などの観点から判断されることが適当である。（以下略）

（２）教科用図書検定審査要項の改正について
（略）
○教科書検定における申請図書の合格又は不合格の判定方法については、教科用図書検定審査要項（平成一三年一月一五日教科用図書検定調査審議会決定）に示されており、検定意見相当箇所の数による判定方法のほかに、教科書としての基本的な構成に重大な欠陥が見られる場合などには、検定審査不合格と判定する旨が定められている。
○これは、ある申請図書について、検定基準に照らして教科用図書として不適切な箇所とその内容を特定していく調査審議の流れにおいて、仮にそういった検定意見相当箇所の数は不合格となるべき数を超えない場合であったとしても、例えば、学習指導要領に示す事項を取り上げていなかったり、教科の目標に一致していないというように、記述の欠陥が基本的な構成に及び、重大であると評価される場合には、検定意見相当箇所の数による判定方法によらずに、不合格と判定するという趣旨である。
○前述のとおり、教育基本法や学校教育法の改正、学習指導要領の改訂を踏まえ、検定基準において、これらに示す目標に基づき審査する旨が定められている。合格又は不合格の判定において重大な欠陥が見られるかどうかについても、同様の法的な体系の中で判断する旨を明らかにする観点から、教科用図書検定審査要項を改正し、教育基本法に示す教育の目標並びに学校教育法及び学習指導要領に示す目標等に照らして判断する旨を定めることが適当である。（以下略）（文部科学省ＨＰより）

【3】政治家の主要な発言

（出典のないものは国会会議録検索システムより）

●田中角栄首相発言（七四年三月二八日　衆議院本会議）

「教育勅語についての御発言がございましたが、教育に関する勅語は、およそ半世紀にわたってわが国教育の根本理念とされてまいりましたことは、承知のとおりであります。戦後の諸改革が行なわれた中で、昭和二十三年六月十九日、衆議院において排除の決議が行なわれ、また、参議院において失効の決議が行なわれたことは、そのとおりでございます。したがいまして、これを復活することは考えておりません。しかし、その中には、多くの普遍的な人倫の大本を示した部分があることもまた事実でございます。でありますから、形式を越えて現代にも通ずるものがあるという事実に徴し、それらについては、国民の共感を得られるような状態で世論に問うべきではないかという考え方を持っておるのでございます。」

●宮沢喜一首相発言（九三年二月一六日　衆議院予算委員会総括質疑）

「過去におきまして、第二次大戦がその一番最近の例でございますが、我が国が戦争を通じて近隣諸国等の国民に対して重大な損害を与えたということは、これは否定できない事実でございますから、そういうことを我々は事実として認識をし、また、そういう耐えがたい苦痛を受けられた人々に対して我々の心からの謝罪の気持ちを持たなければならない、こういう意味でございます。」

――太平洋戦争を含むあの十五年戦争というものが侵略戦争であるというふうにお考えになっているかどうか、この点を伺っておきたいのです。

「それにつきましては、歴代の総理、私も、昨年でございますか、お答えをいたしましたが、我が国が過去において戦争を通じて近隣諸国の国民に対して重大な損害を与えたことは事実であります。このような我が国の過去の行為について、侵略的事実を否定することはできないというふうに考えております。」

――侵略戦争であったというふうにまではお考えにならないでしょうか。

「そういうふうには申しておりません。」

●永野茂門法相（羽田内閣）発言（九四年五月四日・五日）

（五月四日　毎日新聞インタビューでの発言）

「侵略戦争という定義付けは、今でも間違っていると思う。戦争に伴う侵略的行為、色々な被害、残虐的なものを含めていろいろご迷惑をかける――これは絶対に悪いのであって、戦争そのものが悪だ。ただ日本で言う大東亜戦争というものが、侵略を目的にやったか。日本がつぶされそうだったから生きるために立ち上がったのであり、かつ植民地を解放する、大東亜共栄圏を確立するということを、まじめに考えた。そこまで持ってきた諸外国が問題だった。戦争目的そのものは当時としては基本的に許される正当なものだった。（中略）私は南京事件というのは、あれ、でっち上げだと思う。私は、あの直後に南京に行っている。そういうことは戦争に伴う悪であり、これは絶対に悪いというのはその通りだ。それを侵略的行為と言うなら、それはまあ言えるが、日本はそこを日本領土にしようとしたのでもないし、そういう所を占領したのでもない。」（『毎日新聞』九四年五月五日）

（五月五日　共同通信社のインタビューでの発言要旨）

「戦争目的そのものについては疑問を持っていない。だが、二十世紀半ばに一流国が自分の意思を周辺に押し付けるというのは歴史感覚は間違っていた。慰安婦は程度の差はあるが、米、英軍などでも同じようなことをやっている。慰安婦は当時の公娼であって、それを今の目的から女性べっ視とか、韓国人差別とかは言えない。」（『朝日新聞』九四年五月七日）

●**渡辺美智雄元副総理・外相発言**（九五年六月三日　自民党栃木県連大会挨拶）

「日本は三六年間、韓国を統治していたが、『植民地支配』という言葉はどこにも入っているわけではない。日韓併合条約というものをお互いに認め合った結果、これについては賠償金を払わない、その代わり、復興のための協力金を出そうということでやってきている。（併合は）国際的にも合法であったとするのが政府の立場だ。『植民地政策』と言うが、法律的には、国会は（そういう立場を）とっていない。併合条約は円満裏につくられた国際的条約であるとの前提に立って結ばれている。オランダはインドネシアを三五〇年支配していた。中国に対しても、植民地支配ということではない。『植民地政策』と言われても、併合は、植民地ではなく、条約が円満に（締結され）、武力でできたものじゃない。」（『朝日新聞』九五年六月五日）

●**島村宜伸文相（村山内閣）発言**（九五年八月）

（八月九日　就任記者会見で）

「侵略戦争じゃないかと言うのは考え方の問題」

（八月一〇日　記者会見で）

――先の戦争は「侵略戦争」だったと認識しているのか。

「侵略と言われても仕方のないことがあったと思う。私は前向きな意見を言ったつもりだ。言葉で言うのは簡単だが、言葉で言うよりもっと大切なことがある。」（『朝日新聞』九五年八月一〇日夕刊）

●**江藤隆美総務庁長官（村山内閣）発言**（九五年一〇月一一日）

「日韓併合は強制的だったとする村山富市首相の発言は間違っている」「（植民地時代について）日韓併合が無効だったと言い出せば、国際協定は成り立たない。当時は国が弱いとやられた時代だったんだから、やむをえないことだ。」「すべての市町村に学校をたて、ソウルに京城帝国大学をつくり、教育がまったくなかった韓国の教育水準を一挙に引き上げ、鉄道を五千キロ建設し、港湾整備や干拓水利し、山には木を植えた。」「（創氏改名について）いいことではないが、すべての国民に強要されたとは思えない。韓国人の名前で陸軍中将になった人もいた。」「韓国人が日本の経済界や芸能界などすべての分野で活動できるようになったことは、日韓併合の効果といえるかもしれない。」（『朝日新聞』九五年一一月八日。韓国『東亜日報』八日付を伝えた記事）

●**森喜朗首相発言**（二〇〇〇年四月二四日　衆議院予算委員会）

「戦争というのは、やはりその時代その時代の背景でいろいろな問題意識はあったのだろうと思います。私は、日本が侵略戦争をしたかどうかということは、これは歴史の中でみんなが判断をしていくべきことであると思っておりますが、私は、日本の国であれ、どこであれ、国と国との戦いというものはやはりあってはならないことであるし、そういう長い歴史で、先ほど午前中の御質問の際にも申し上げましたように、この世界的な百年というのは、前半の五十年はいろいろな戦いがあったけれども、そういうものを乗り越えて、そして新しい平和の時代をつくり上げていく、やはり時代の一つの流れだろう、また歴史的な経緯だろうというふうに私は思っております。具体的にまた答えにならぬとおっしゃるかもしれませんが、戦争というものはあってはならないし、まして侵略という形で戦争を行うということは、これはあってはならないことだというふうに思っております。」

●麻生太郎自民党政調会長発言（二〇〇三年五月三一日　東京大学学園祭講演で）

（創氏改名について）「当時、朝鮮の人たちが日本のパスポートをもらおうと、名前のところにキンとかアンとか書いてあり、『朝鮮人だな』といわれた。仕事がしにくかった。だから名字をくれ。といったのがそもそもの始まりだ。」（『朝日新聞』二〇〇三年六月二日）

●石原慎太郎東京都知事の靖国神社についての語録

（二〇〇四年八月一五日　靖国神社参拝後、記者団に）

一都知事でもある石原が参拝した。（公的、私的に分けるのは）くだらないことだ。」

「（終戦六〇周年にあたる来年に）ぜひ、天皇に一国民として参拝していただきたい。天皇にしか果たせない国家に対する大きな責任を果たしていただくことになる。」

（二〇〇三年八月一五日、靖国神社参拝後、都庁の会見で）

「全てとは言わないが、ほとんどの日本人にとって、靖国というのは、精神文化の一つの象徴なんですよ。それをシナ人であろうが韓国人であろうが、外国人がガタガタ言うことはないんだ。同じことをこっちがやったら、向こうはヒステリーになるだろうよ、本当に。内政干渉以上に失敬な、余計なことだよ。」

「（靖国神社にまつられている）A級戦犯はどんな扱いをされたんですか。処刑された人間は骨までどっか行って帰ってこないんだよ。こんなリンチみたいな、勝者が敗者を一方的に裁くような裁判というのは前代未聞ですよ。」

（二〇〇二年六月一八日、都議会での靖国参拝を求める自民党の代表質問への答弁）

「（東京裁判は）非常に偏った裁判」「A級戦犯が合祀されているということをもって、その正当性というものを外国が否定するいわれはないし、否定されるいわれもない。」（『朝日新聞』二〇〇四年八月一八日より）

●安倍晋三首相発言（二〇一三年四月二三日　参議院予算委員会）

（村山談話が曖昧で意味不明ではないかという質問に対して）

「ただいま丸山委員が質問をされた点は、まさにこれは曖昧な点と言ってもいいと思います。特に侵略という定義については、これは学界的にも国際的にも定まっていないと言ってもいいんだろうと思うわけでございますし、それは国と国との関係において、どちら側から見るかということにおいて違うわけでございます。そういう観点からも、この談話においてはそういう問題が指摘をされているというのは事実ではないかと、このように思います。」

●**橋下徹大阪市長発言**（二〇一三年五月一三日）
（一三日午前　記者団とのやりとり）

「侵略の定義については学術上、きちんと定義がないことは、これは安倍首相が言われているとおりです。第二次世界大戦後、事後的に、国連で安保理が侵略かどうか最後判定するという枠組みがきまりましたが、侵略とは何かという定義がないことは確かだが、日本は敗戦国ですから。戦争をやって負けたんですね。そのときに戦勝国サイド、まあ、連合国サイドからすればね、その事実を曲げることはできないでしょうね。その評価についてはね。

ですから学術上、定めていなくても、それは敗戦の結果として侵略だということはしっかりと受け止めないといけないと思いますね。実際に、多大な苦痛と損害を周辺諸国に与えたことも間違いないですから、その事実はしっかりと受け止めなければならないと思います。その点についても反省とおわびはしなければいけない。また、この立場は、ずっと週刊朝日や朝日新聞に対して言い続けていますが、こういう立場は、自らの一方当事者がもう終わりだ、終わりだと言って、時間を区切って終わりにすることはできないんですね。

それは時間が解決する、要は相手方がある程度納得するまでの期間、時間的な経過が必要であることも間違いないです。だから、戦後六〇年たったんだから七〇年たったんだから、全部ちゃらにしてくれよということを当事者サイドがいうことではないです。

これ、第三国がね、米国や、そういう連合国のほうが、また、まあ米国も損害はあったんでしょうけれども、それでも第三者的な立場の国が、もういいんじゃないのというのは、まあ、それはいいんでしょうけれど、当事者である日本サイドのほうが、もう六〇年たったんだから、七〇年たったんだから、もうちゃらだよというのはこれは違うと思いますね。

ただ、事実と違うことでね、我が日本国が不当に侮辱を受けているようなことにはしっかりと主張しなければいけないと思っています。だから敗戦国として受け入れなければならない、けんかというのはそういうことですね。負けたんですから。だからそれは当時の為政者に重大な責任があるわけです。

負けたんだったらね、そら負けたら、色んなことを、がまんならんことだって、いろいろ言われることもあるが、負けたということは、そういうことなんです。だから、負けるような戦争はやっちゃいけないし、そもそも戦争なんてやっちゃいけないけれども、負けたということをすぐに捨て去れるような、そんな甘いものじゃないですね。けんかをやったということは。

ただね、やっぱり事実として言うべきことは言っていかないといけないと思ってますから、僕は従軍慰安婦問題だって、慰安婦の方に対しては優しい言葉をしっかりかけなければいけないし、優しい気持ちで接しなければいけない。

意に反してそういう職業についたということであれば、そのことについては配慮しなければいけませんが、しかしなぜ日本の従軍慰安婦問題だけが、世界的に取り上げられるかというと、当時慰安婦制度は世界各国の軍は持ってたんですよ。これは良いこととは言いませんが、当時はそういうもんだったんです。ところがなぜ欧米で、日本の従軍慰安婦だけが取り上げられたかと言ったら、日本はレイプ国家だと、無理やり国をあげて、強制的に意に反して、慰安婦を拉致して、職業につかせたと、レイプ国家だというところで、世界は非難しているんだっていうところを、もっと日本人は、世界でどういう風に見られているか、認識しなければいけないですよ。

従軍慰安婦制度がなかったとは言いませんし、軍が管理していたことも間違いないです。ただそれは、当時の世界の状況としては、軍はそういう制度を持っていたのも、厳然たる事実です。

にもかかわらず、欧米が日本だけを、だってそれは朝鮮戦争だって、ベトナム戦争だって、そういう制度があったんですから、第二次世界大戦後。

でもなぜ日本のいわゆる従軍慰安婦制度だけが、世界的に取り上げられるかというと、日本は軍を使って、国家としてレイプをやってたんだというところが、ものすごい批判を受けているわけです。

僕はその点についてはやっぱり、違うところは違うと言っていかないといけないと思いますね。ただ、慰安婦の方、意に反して慰安婦になってしまった方は、戦争の悲劇の結果でもあるわけで、戦争についての責任は、我が日本国にもあるわけですから、そのことに関しては心情をしっかりと理解して、優しく配慮していくということが必要だと思いますけど、しかし違うことは違うと言わないといけませんね。

戦争責任の問題だって、敗戦国だから、負けたということろで、こらえてこれはやっぱり受け止めなければならないことはいっぱいありますけど、その当時、世界の状況を見てみれば、アメリカだって、欧米各国だって、植民地政策をやってたわけなんです。だからと言って、日本国の行為を正当化しませんけど、世界もそういう状況だった。（中略）

認めるところは認めて、違うというところは違う。世界の当時の状況はどうだったのかっていうのはやっぱり近現代史をもうちょっと勉強して、慰安婦っていうのをばーんときくとね、とんでもない悪いことをやっていたっていう風に思うかもしれないけれども、当時の歴史をちょっと調べてみたらね、日本国軍だけじゃなくて、いろんな軍で慰安婦制度っていうものを活用していたわけなんですよ。

そりゃそうですよ、あれだけ銃弾の雨、銃弾が雨嵐のごとく飛び交う中で、命かけてそこを走っていくときにね、それはそんな猛者集団といいますか、精神的にも高ぶっている集団はやっぱりどこかでね、まあ休息じゃないけれどもそういうことをさせてあげようと思ったら慰安婦制度っていうものは必要なのはこれは誰だってわかるわけです。

ただそこで、日本国がね、欧米社会でどういう風に見られているかっていうと、これはやっぱり韓国とかいろんな所のいろんな宣伝の効果があって『レイプ国家だ』っていうふうにみられてしまっているところ、ここが一番問題だから、そこはやっぱり違うんだったら違うと。証拠が出てくればね、認めなきゃいけないけれども、今のところ二〇〇七年の閣議決定ではそういう証拠がないという状況になっています。（以下略）」

（一三日午後、記者団とのやりとり）

（略）「意に反してか意に即してかは別で、慰安婦制度っていうものは、必要だったということです。それが意に反するかどうかにかかわらず。軍を維持するとか軍の規律を維持するためにはそういうことがその当時は必要だったんでしょうね。」

――今は違うということでよいか。

「今はそりゃ認められないでしょ。でも、慰安婦制度じゃなくても、風俗業っていうものは必要だと思いますよ、それは。だから僕はあの、沖縄の海兵隊、普天間に行ったときに、司令官の方に、もっと風俗業を活用してほしいっていうふうに言ったんです。そしたら司令官はもう凍り付いたように苦笑いになってしまって。

米軍ではオフリミッツだと。禁止って言ってるもんですからね。そんな建前みたいなことを言うからおかしくなるんですよと。法律の範囲内で認められてるね、中でね。

いわゆるそういう性的なエネルギーをある意味合法的に解消できる場所は、日本にあるわけですから、もっと真正面からそういう所を活用してもらわないと、海兵隊のあんな猛者の性的なエネルギーをきちんとコントロールできないじゃないですか。

建前論じゃなくて、もっとそういう所を活用してくださいよと言ったんですけど、『いやぁそれは、行くなと通達を出しているし、これ以上この話はやめよう』と打ち切られました。

だって風俗業はあるじゃないですか、認めてるんですから、法律の範囲で。（後略）」（『朝日新聞』二〇一三年五月一四日Web配信 http://www.asahi.com/politics/update/0514/TKY201305140366.html）

●稲田朋美行政改革担当相（安倍内閣）発言（二〇一三年五月二四日　定例会見）

「河野談話に関する慰安婦の問題に関しては、官房長官のもとで検討されておりますので、私が所管外のことについて発言することは差し控えたいと思います。ただ、前回私が申し上げた、『慰安婦制度が女性に対する重大な人権侵害である』ということは、現在であれ、たとえ戦時中であれ、同じだと思います。ただ、戦時中は、慰安婦制度が、悲しいことではあるけれども合法であったということも、また事実であると思います。」

――つまり、今も慰安婦制度は合法であったという認識か。

「合法であったという言い方をすると、人権侵害ではないと誤解されると思うので、今であろうとも、戦時中であろうとも、女性の人権に対する重大な侵害であることに変わりはないと私は思います」（ＩＷＪ http://iwj.co.jp/wj/open/archives/81090）

●安倍晋三首相発言（二〇一三年七月三日　参院選公示前の党首討論）

「歴史はさまざまな側面があり、同時に、判断、定義自体が政治問題、外交問題になっていく。基本的に歴史家に任せるべきだ。私は『日本が植民地支配や侵略をしていなかった』ということは言っておらず、『それを定義する立場にない』ということを言っている。」

「国のために戦い、命を落とした人たちのために、祈り、尊崇の念を表する。私は、これは当然のことだと思うし、非難されるいわれはないと思う。靖国問題について、『行く』『行かない』と言うこと自体が外交問題に発展していくので、今、そのことについて申し上げるつもりはない。」（ＮＨＫ七月三日一九時六分web配信）

●麻生太郎副総理（安倍内閣）発言（二〇一三年七月二九日　東京都内でのシンポジウム）

「僕は今、（憲法改正案の発議要件の衆参）三分の二（議席）という話がよく出ていますが、ドイツはヒトラーは、民主主義によって、きちんとした議会で多数を握って、ヒトラー出てきたんですよ。ヒトラーはいかにも軍事力で（政権を）とったように思われる。全然違いますよ。ヒトラーは、選挙で選ばれたんだから。ドイツ国民はヒトラーを選んだんですよ。間違わないでください。

そして、彼はワイマール憲法という、当時ヨーロッパでもっとも進んだ憲法下にあって、ヒトラーが出てきた。常に、憲法はよくても、そういうことはありうるということですよ。ここはよくよく頭に入れておかないといけないところであって、私どもは、憲法はきちんと改正すべきだとずっと言い続けていますが、その上で、どう運営していくかは、かかって皆さん方が投票する議員の行動であったり、その人たちがもっている見識であったり、矜持であったり、そうしたものが最終的に決めていく。

私どもは、周りに置かれている状況は、極めて厳しい状況になっていると認識していますから、それなりに予算で対応しておりますし、事実、若い人の意識は、今回の世論調査でも、二〇代、三〇代の方が、極めて前向き。一番足りないのは五〇代、六〇代。ここに一番多いけど。ここが一番問題なんです。私らから言ったら。なんとなくいい思いをした世代。バブルの時代でいい思いをした世代が、ところが、今の二〇代、三〇代は、バブルでいい思いなんて一つもしていないですから。記憶あるときから就職難。記憶のあるときから不況ですよ。

この人たちの方が、よほどしゃべっていて現実的。五〇代、六〇代、一番頼りないと思う。しゃべっていて。おれたちの世代になると、戦前、戦後の不況を知っているから、結構しゃべる。しかし、そうじゃない。

しつこく言いますけど、そういった意味で、憲法改正は静かに、みんなでもう一度考えてください。どこが問題なのか。きちっと、書いて、おれたちは（自民党憲法改正草案を）作ったよ。べちゃべちゃ、べちゃべちゃ、いろんな意見を何十時間もかけて、作り上げた。そういった思いが、我々にある。

そのときに喧々諤々、やりあった。三〇人いようと、四〇人いようと、極めて静かに対応してきた。自民党の部会で怒鳴りあいもなく。『ちょっと待ってください、違うんじゃないですか』と言うと、『そうか』と。偉い人が『ちょっと待て』と。『しかし、君ね』と、偉かったというべきか、元大臣が、三〇代の若い当選二回ぐらいの若い国会議員に、『そうか、そういう考え方もあるんだな』ということを聞けるところが、自民党のすごいところだなと。何回か参加してそう思いました。

ぜひ、そういう中で作られた。ぜひ、今回の憲法の話も、私どもは狂騒の中、わーっとなったときの中でやってほしくない。

靖国神社の話にしても、静かに参拝すべきなんですよ。騒ぎにするのがおかしいんだって。静かに、お国のために命を投げ出してくれた人に対して、敬意と感謝の念を払わない方がおかしい。静かに、きちっとお参りすればいい。

何も、戦争に負けた日だけ行くことはない。いろんな日がある。大祭の日だってある。八月一五日だけに限っていくから、また話が込み入る。日露戦争に勝った日でも行けって。といったおかげで、えらい物議をかもしたこともありますが。

僕は四月二八日、昭和二七年、その日から、今日は日本が独立した日だからと、靖国神社に連れて行かれた。それが、初めて靖国神社に参拝した記憶です。それから今日まで、毎年一回、必ず行っていますが、わーわー騒ぎになったのは、いつからですか。

昔は静かに行っておられました。各総理も行っておられた。いつから騒ぎにした。マスコミですよ。いつのときからか、騒ぎになった。騒がれたら、中国も騒がざるをえない。韓国も騒ぎますよ。だから、静かにやろうやと。憲法は、ある日気づいたら、ワイマール憲法が変わって、ナチス憲法に変わっていたんですよ。だれも気づかないで変わった。あの手口学んだらどうかね。

わーわー騒がないで。本当に、みんないい憲法と、みんな納得して、あの憲法変わっているからね。ぜひ、そういった意味で、僕は民主主義を否定するつもりはまったくありませんが、しかし、私どもは重ねて言いますが、喧噪のなかで決めてほしくない。」(『朝日新聞』八月一日二時一八分Web配信 http://www.asahi.com/politics/update/0801/TKY201307310772.html)

【4】政府首脳の談話など

●「歴史教科書」に関する宮沢内閣官房長官談話(八二年八月二六日)

一、日本政府及び日本国民は、過去において、我が国の行為が韓国・中国を含むアジアの国々の国民に多大の苦痛と損害を与えたことを深く自覚し、このようなことを二度と繰り返してはならないとの反省と決意の上に立って平和国家としての道を歩んできた。我が国は、韓国については、昭和四十年の日韓共同コミュニケの中において「過去の関係は遺憾であって深く反省している」との認識を、中国については日中共同声明において「過去において日本国が戦争を通じて中国国民に重大な損害を与えたことの責任を痛感し、深く反省する」との認識を述べたが、これも前述の我が国の反省と決意を確認したものであり、現在においてもこの認識にはいささかの変化もない。

二、このような日韓共同コミュニケ、日中共同声明の精神は我が国の学校教育、教科書の検定にあたっても、当然、尊重されるべきものであるが、今日、韓国、中国等より、こうした点に関する我が国教科書の記述について批判が寄せられている。我が国としては、アジアの近隣諸国との友好、親善を進める上でこれらの批判に十分に耳を傾け、政府の責任において是正する。

三、このため、今後の教科書検定に際しては、教科用図書検定調査審議会の議を経て検定基準を改め、前記の趣旨が十分実現するよう配慮する。すでに検定の行われたものについては、今後すみやかに同様の趣旨が実現されるよう措置するが、それ迄の間の措置として文部大臣が所見を明らかにして、前記二の趣旨を教育の場において十分反映せしめるものとする。

四、我が国としては、今後とも、近隣国民との相互理解の促進と友好協力の発展に努め、アジアひいては世界の平和と安定に寄与していく考えである。(外務省HPより)

●慰安婦関係調査結果発表に関する河野内閣官房長官談話(九三年八月四日)

いわゆる従軍慰安婦問題については、政府は、一昨年一二月より、調査を進めて来たが、今般その結果がまとまったので発表することとした。

今次調査の結果、長期に、かつ広範な地域にわたって慰安所が設置され、数多くの慰安婦が存在したことが認められた。慰安所は、当時の軍当局の要請により設営されたものであり、慰安所の設置、管理及び慰安婦の移送については、旧日本軍が直接あるいは間接にこれに関与した。慰安婦の募集については、軍の要請を受けた業者が主としてこれに当たったが、その場合も、甘言、強圧による等、本人たちの意思に反して集められた事例が数多くあり、更に、官憲等が直接これに加担したこともあったことが明らかになった。また、慰安所における生活は、強制的な状況の下での痛ましいものであった。

なお、戦地に移送された慰安婦の出身地については、日本を別とすれば、朝鮮半島が大きな比重を占めていたが、当時の朝鮮半島は我が国の統治下にあり、その募集、移送、管理等も、甘言、強圧による等、総じて本人たちの意思に反して行われた。

いずれにしても、本件は、当時の軍の関与の下に、多数の女性の名誉と尊厳を深く傷つけた問題である。政府は、この機会に、改めて、その出身地のいかんを問わず、いわゆる従軍慰安婦として数多の苦痛を経験され、心身にわたり癒しがたい傷を負われたすべての方々に対し心からお詫びと反省の気持ちを申し上げる。また、そのような気持ちを我が国としてどのように表すかということについては、有識者のご意見なども徴しつつ、今後とも真剣に検討すべきものと考える。

われわれはこのような歴史の真実を回避することなく、むしろこれを歴史の教訓として直視していきたい。われわれは、歴史研究、歴史教育を通じて、このような問題を永く記憶にとどめ、同じ過ちを決して繰り返さないという固い決意を改めて表明する。

なお、本問題については、本邦において訴訟が提起されており、また、国際的にも関心が寄せられており、政府としても、今後とも、民間の研究を含め、十分に関心を払って参りたい。（外務省HPより）

●「戦後五〇周年の終戦記念日にあたって」（いわゆる村山談話）（九五年八月一五日）

先の大戦が終わりを告げてから、五〇年の歳月が流れました。今、あらためて、あの戦争によって犠牲となられた内外の多くの人々に思いを馳せるとき、万感胸に迫るものがあります。

敗戦後、日本は、あの焼け野原から、幾多の困難を乗りこえて、今日の平和と繁栄を築いてまいりました。このことは私たちの誇りであり、そのために注がれた国民の皆様一人一人の英知とたゆみない努力に、私は心から敬意の念を表わすものであります。ここに至るまで、米国をはじめ、世界の国々から寄せられた支援と協力に対し、あらためて深甚な謝意を表明いたします。また、アジア太平洋近隣諸国、米国、さらには欧州諸国との間に今日のような友好関係を築き上げるに至ったことを、心から喜びたいと思います。

平和で豊かな日本となった今日、私たちはややもすればこの平和の尊さ、有難さを忘れがちになります。私たちは過去のあやまちを二度と繰り返すことのないよう、戦争の悲惨さを若い世代に語り伝えていかなければなりません。とくに近隣諸国の人々と手を携えて、アジア太平洋地域ひいては世界の平和を確かなものとしていくためには、なによりも、これらの諸国との間に深い理解と信頼にもとづいた関係を培っていくことが不可欠と考えます。政府は、この考えにもとづき、特に近現代における日本と近隣アジア諸国との関係にかかわる歴史研究を支援し、各国との交流の飛躍的な拡大をはかるために、この二つを柱とした平和友好交流事業を展開しております。また、現在取り組んでいる戦後処理問題についても、わが国とこれらの国々との信頼関係を一層強化するため、私は、ひき続き誠実に対応してまいります。

いま、戦後五〇周年の節目に当たり、われわれが銘記すべきことは、来し方を訪ねて歴史の教訓に学び、未来を望んで、人類社会の平和と繁栄への道を誤らないことであります。

わが国は、遠くない過去の一時期、国策を誤り、戦争への道を歩んで国民を存亡の危機に陥れ、植民地支配と侵略によって、多くの国々、とりわけアジア諸国の人々に対して多大の損害と苦痛を与えました。私は、未来に誤ち無からしめんとするが故に、疑うべくもないこの歴史の事実を謙虚に受け止め、ここにあらためて痛切な反省の意を表し、心からのお詫びの気持ちを表明いたします。また、この歴史がもたらした内外すべての犠牲者に深い哀悼の念を捧げます。

敗戦の日から五〇周年を迎えた今日、わが国は、深い反省に立ち、独善的なナショナリズムを排し、責任ある国際社会の一員として国際協調を促進し、それを通じて、平和の理念と民主主義とを押し広めていかなければなりません。同時に、わが国は、唯一の被爆国としての体験を踏まえて、核兵器の究極の廃絶を目指し、核不拡散体制の強化など、国際的な軍縮を積極的に推進していくことが肝要であります。これこそ、過去に対するつぐないとなり、犠牲となられた方々の御霊を鎮めるゆえんとなると、私は信じております。

「杖るは信に如くは莫し」と申します。この記念すべき時に当たり、信義を施政の根幹とすることを内外に表明し、私の誓いの言葉といたします。（外務省ＨＰより）

●安倍内閣総理大臣の談話――恒久平和への誓い（二〇一三年一二月二六日）

本日、靖国神社に参拝し、国のために戦い、尊い命を犠牲にされた御英霊に対して、哀悼の誠を捧げるとともに、尊崇の念を表し、御霊安らかなれとご冥福をお祈りしました。また、戦争で亡くなられ、靖国神社に合祀されない国内、及び諸外国の人々を慰霊する鎮霊社にも、参拝いたしました。

御英霊に対して手を合わせながら、現在、日本が平和であることのありがたさを噛みしめました。

今の日本の平和と繁栄は、今を生きる人だけで成り立っているわけではありません。愛する妻や子どもたちの幸せを祈り、育ててくれた父や母を思いながら、戦場に倒れたたくさんの方々。その尊い犠牲の上に、私たちの平和と繁栄があります。

今日は、そのことに改めて思いを致し、心からの敬意と感謝の念を持って、参拝いたしました。

日本は、二度と戦争を起こしてはならない。私は、過去への痛切な反省の上に立って、そう考えています。戦争犠牲者の方々の御霊を前に、今後とも不戦の誓いを堅持していく決意を、新たにしてまいりました。

同時に、二度と戦争の惨禍に苦しむことが無い時代をつくらなければならない。アジアの友人、世界の友人と共に、世界全体の平和の実現を考える国でありたいと、誓ってまいりました。

日本は、戦後六八年間にわたり、自由で民主的な国をつくり、ひたすらに平和の道を邁進してきました。今後もこの姿勢を貫くことに一点の曇りもありません。世界の平和と安定、そして繁栄のために、国際協調の下、今後その責任を果たしてまいります。

靖国神社への参拝については、残念ながら、政治問題、外交問題化している現実があります。

靖国参拝については、戦犯を崇拝するものだと批判する人がいますが、私が安倍政権の発足した今日この日に参拝したのは、御英霊に、政権一年の歩みと、二度と再び戦争の惨禍に人々が苦しむことの無い時代を創るとの決意を、お伝えするためです。

中国、韓国の人々の気持ちを傷つけるつもりは、全くありません。

靖国神社に参拝した歴代の首相がそうであった様に、人格を尊重し、自由と民主主義を守り、中国、韓国に対して敬意を持って友好関係を築いていきたいと願っています。
国民の皆さんの御理解を賜りますよう、お願い申し上げます。

（外務省ＨＰより）

●元慰安婦の方々への内閣総理大臣のおわびの手紙

拝啓

このたび、政府と国民が協力して進めている「女性のためのアジア平和国民基金」を通じ、元従軍慰安婦の方々へのわが国の国民的な償いが行われるに際し、私の気持ちを表明させていただきます。

いわゆる従軍慰安婦問題は、当時の軍の関与の下に、多数の女性の名誉と尊厳を深く傷つけた問題でございました。私は、日本国の内閣総理大臣として改めて、いわゆる従軍慰安婦として数多の苦痛を経験され、心身にわたり癒しがたい傷を負われたすべての方々に対し、心からおわびと反省の気持ちを申し上げます。

我々は、過去の重みからも未来への責任からも逃げるわけにはまいりません。わが国としては、道義的な責任を痛感しつつ、おわびと反省の気持ちを踏まえ、過去の歴史を直視し、正しくこれを後世に伝えるとともに、いわれなき暴力など女性の名誉と尊厳に関わる諸問題にも積極的に取り組んでいかなければならないと考えております。

末筆ながら、皆様方のこれからの人生が安らかなものとなりますよう、心からお祈りしております。

敬具

一九九六（平成八）年　日本国内閣総理大臣　橋本龍太郎

（歴代署名：小渕恵三、森喜朗、小泉純一郎）

（「デジタル記念館　慰安婦問題とアジア女性基金」http://www.awf.or.jp/6/statement-12.html）

●橋本内閣総理大臣がオランダ国コック首相に送った手紙（九八年七月一五日）

我が国政府は、いわゆる従軍慰安婦問題に関して、道義的な責任を痛感しており、国民的な償いの気持ちを表すための事業を行っている「女性のためのアジア平和国民基金」と協力しつつ、この問題に対し誠実に対応してきております。

私は、いわゆる従軍慰安婦問題は、当時の軍の関与の下に多数の女性の名誉と尊厳を深く傷つけた問題と認識しており、数多の苦痛を経験され、心身にわたり癒しがたい傷を負われたすべての元慰安婦の方々に対し心からのおわびと反省の気持ちを抱いていることを貴首相にお伝えしたいと思います。

そのような気持ちを具体化するため、貴国の関係者と話し合った結果、貴国においては、貴国に設立された事業実施委員会が、いわゆる従軍慰安婦問題に関し、先の大戦において困難を経験された方々に医療・福祉分野の財・サービスを提供する事業に対し、「女性のためのアジア平和国民基金」が支援を行っていくこととなりました。

日本国民の真摯な気持ちの表れである「女性のためのアジア平和国民基金」のこのような事業に対し、貴政府の御理解と御協力を頂ければ幸甚です。

我が国政府は、一九九五年の内閣総理大臣談話によって、我が国が過去の一時期に、貴国を含む多くの国々の人々に対して多大の損害と苦痛を与えたことに対し、あらためて痛切な反省の意を表し、心からお詫びの気持ちを表明いたしました。現内閣においてもこの立場に変更はなく、私自身、昨年六月に貴国を訪問した際に、このような気持ちを込めて旧蘭領東インド記念碑に献花を行いました。

そして貴国との相互理解を一層増進することにより、ともに未来に向けた関係を構築していくことを目的とした「平和友好交流計画」の下で、歴史研究支援事業と交流事業を二本柱とした取り組みを進めてきております。

我々は、過去の重みからも未来への責任からも逃げるわけにはまいりません。我が国としては、過去の歴史を直視し、正しくこれを後世に伝えながら、二〇〇〇年には交流四〇〇周年を迎える貴国との友好関係を更に増進することに全力を傾けてまいりたいと思います。(「デジタル記念館　慰安婦問題とアジア女性基金」http://www.awf.or.jp/6/statement-24.html)

[5] 近隣国との共同声明など

(いずれも外務省HPより)

●日本国政府と中華人民共和国政府の共同声明（七二年九月二九日）

日本国内閣総理大臣田中角栄は、中華人民共和国国務院総理周恩来の招きにより、千九百七十二年九月二十五日から九月三十日まで、中華人民共和国を訪問した。田中総理大臣には大平正芳外務大臣、二階堂進内閣官房長官その他の政府職員が随行した。

毛沢東主席は、九月二十七日に田中角栄総理大臣と会見した。双方は、真剣かつ友好的な話合いを行った。

田中総理大臣及び大平外務大臣と周恩来総理及び姫鵬飛外交部長は、日中両国間の国交正常化問題をはじめとする両国間の諸問題及び双方が関心を有するその他の諸問題について、終始、友好的な雰囲気のなかで真剣かつ率直に意見を交換し、次の両政府の共同声明を発出することに合意した。

日中両国は、一衣帯水の間にある隣国であり、長い伝統的友好の歴史を有する。両国国民は、両国間にこれまで存在していた不正常な状態に終止符を打つことを切望している。戦争状態の終結と日中国交の正常化という両国国民の願望の実現は、両国関係の歴史に新たな一頁を開くこととなろう。

日本側は、過去において日本国が戦争を通じて中国国民に重大な損害を与えたことについての責任を痛感し、深く反省する。また、日本側は、中華人民共和国政府が提起した「復交三原則」を十分理解する立場に立って国交正常化の実現をはかるという見解を再確認する。中国側は、これを歓迎するものである。

日中両国間には社会制度の相違があるにもかかわらず、両国は、平和友好関係を樹立すべきであり、また、樹立することが可能である。両国間の国交を正常化し、相互に善隣友好関係を発展させることは、両国国民の利益に合致するところであり、また、アジアにおける緊張緩和と世界の平和に貢献するものである。

一　日本国と中華人民共和国との間のこれまでの不正常な状態は、この共同声明が発出される日に終了する。

二　日本国政府は、中華人民共和国政府が中国の唯一の合法政府であることを承認する。

三　中華人民共和国政府は、台湾が中華人民共和国の領土の不可分の一部であることを重ねて表明する。日本国政府は、この中華人民共和国政府の立場を十分理解し、尊重し、ポツダム宣言第八項に基づく立場を堅持する。

四　日本国政府及び中華人民共和国政府は、千九百七十二年九月二

十九日から外交関係を樹立することを決定した。両政府は、国際法及び国際慣行に従い、それぞれの首都における他方の大使館の設置及びその任務遂行のために必要なすべての措置をとり、また、できるだけすみやかに大使を交換することを決定した。

五　中華人民共和国政府は、中日両国国民の友好のために、日本国に対する戦争賠償の請求を放棄することを宣言する。

六　日本国政府及び中華人民共和国政府は、主権及び領土保全の相互尊重、相互不可侵、内政に対する相互不干渉、平等及び互恵並びに平和共存の諸原則の基礎の上に両国間の恒久的な平和友好関係を確立することに合意する。

両政府は、右の諸原則及び国際連合憲章の原則に基づき、日本国及び中国が、相互の関係において、すべての紛争を平和的手段により解決し、武力又は武力による威嚇に訴えないことを確認する。

七　日中両国間の国交正常化は、第三国に対するものではない。両国のいずれも、アジア・太平洋地域において覇権を求めるべきではなく、このような覇権を確立しようとする他のいかなる国あるいは国の集団による試みにも反対する。

八　日本国政府及び中華人民共和国政府は、両国間の平和友好関係を強固にし、発展させるため、平和友好条約の締結を目的として、交渉を行うことに合意した。

九　日本国政府及び中華人民共和国政府は、両国間の関係を一層発展させ、人的往来を拡大するため、必要に応じ、また、既存の民間取決めをも考慮しつつ、貿易、海運、航空、漁業等の事項に関する協定の締結を目的として、交渉を行うことに合意した。

日本国内閣総理大臣　田中角栄（署名）
日本国外務大臣　大平正芳（署名）
中華人民共和国国務院総理　周恩来（署名）
中華人民共和国　外交部長　姫鵬飛（署名）

●日韓共同宣言――二一世紀に向けた新たな日韓パートナーシップ

（九八年一〇月八日）

一、金大中大韓民国大統領夫妻は、日本国国賓として一九九八年一〇月七日から一〇日まで日本を公式訪問した。金大中大統領は、滞在中、小渕恵三日本国内閣総理大臣との間で会談を行った。両首脳は、過去の両国の関係を総括し、現在の友好協力関係を再確認するとともに、未来のあるべき両国関係について意見を交換した。

この会談の結果、両首脳は、一九六五年の国交正常化以来築かれてきた両国間の緊密な友好協力関係をより高い次元に発展させ、二一世紀に向けた新たな日韓パートナーシップを構築するとの共通の決意を宣言した。

二、両首脳は、日韓両国が二一世紀の確固たる善隣友好協力関係を構築していくためには、両国が過去を直視し相互理解と信頼に基づいた関係を発展させていくことが重要であることにつき意見の一致をみた。

小渕総理大臣は、今世紀の日韓両国関係を回顧し、我が国が過去の一時期韓国国民に対し植民地支配により多大の損害と苦痛を与えたという歴史的事実を謙虚に受けとめ、これに対し、痛切な反省と心からのお詫びを述べた。

金大中大統領は、かかる小渕総理大臣の歴史認識の表明を真摯に受けとめ、これを評価すると同時に、両国が過去の不幸な歴史を乗り越えて和解と善隣友好協力に基づいた未来志向的な関係を発展させるためにお互いに努力することが時代の要請である旨表明した。

また、両首脳は、両国国民、特に若い世代が歴史への認識を深めることが重要であることについて見解を共有し、そのために多くの関心と努力が払われる必要がある旨強調した。

三、両首脳は、過去の長い歴史を通じて交流と協力を維持してきた日韓両国が、一九六五年の国交正常化以来、各分野で緊密な友好協力関係を発展させてきており、このような協力関係が相互の発展に寄与したことにつき認識を共にした。小渕総理大臣は、韓国がその国民のたゆまざる努力により、飛躍的な発展と民主化を達成し、繁栄し成熟した民主主義国家に成長したことに敬意を表した。金大中大統領は、戦後の日本の平和憲法の下での専守防衛及び非核三原則を始めとする安全保障政策並びに世界経済及び開発途上国に対する経済支援等、国際社会の平和と繁栄に対し日本が果たしてきた役割を高く評価した。両首脳は、日韓両国が、自由・民主主義、市場経済という普遍的理念に立脚した協力関係を、両国国民間の広範な交流と相互理解に基づいて今後更に発展させていくとの決意を表明した。（中略）

一〇、両首脳は、以上の諸分野における両国間の協力を効果的に進めていく上での基礎は、政府間交流にとどまらない両国国民の深い相互理解と多様な交流にあるとの認識の下で、両国間の文化・人的交流を拡充していくことにつき意見の一致をみた。

両首脳は、二〇〇二年サッカー・ワールドカップの成功に向けた両国国民の協力を支援し、二〇〇二年サッカー・ワールドカップの開催を契機として、文化及びスポーツ交流を一層活発に進めていくこととした。

両首脳は、研究者、教員、ジャーナリスト、市民サークル等の多様な国民各層間及び地域間の交流の進展を促進することとした。

両首脳は、こうした交流・相互理解促進の土台を形作る措置として、従来より進めてきた査証制度の簡素化を引き続き進めることとした。

また、両首脳は、日韓間の交流の拡大と相互理解の増進に資するために、中高生の交流事業の新設を始め政府間の留学生や青少年の交流プログラムの充実を図るとともに、両国の青少年を対象としてワーキング・ホリデー制度を一九九九年四月から導入することにつき合意した。また、両首脳は、在日韓国人が、日韓両国国民の相互交流・相互理解のための架け橋としての役割を担い得るとの認識に立ち、その地位の向上のため、引き続き両国間の協議を継続していくことで意見の一致をみた。

両首脳は、日韓フォーラムや歴史共同研究の促進に関する日韓共同委員会等、関係者による日韓間の知的交流の意義を高く評価するとともに、こうした努力を引き続き支持していくことにつき意見の一致をみた。

金大中大統領は、韓国において日本文化を開放していくとの方針を伝達し、小渕総理大臣より、かかる方針を日韓両国の真の相互理解につながるものとして歓迎した。

一一、小渕総理大臣と金大中大統領は、二一世紀に向けた新たな日韓パートナーシップは、両国国民の幅広い参加と不断の努力により、更に高次元のものに発展させることができるとの共通の信念を表明するとともに、両国国民に対し、この共同宣言の精神を分かち合い、新たな日韓パートナーシップの構築・発展に向けた共同の作業に参加するよう呼びかけた。

日本国内閣総理大臣　小渕恵三
大韓民国大統領　金大中

●日朝平壌宣言（二〇〇二年九月一七日）

小泉純一郎日本国総理大臣と金正日朝鮮民主主義人民共和国国防委員長は、二〇〇二年九月一七日、平壌で出会い会談を行った。

両首脳は、日朝間の不幸な過去を清算し、懸案事項を解決し、実りある政治、経済、文化的関係を樹立することが、双方の基本利益に合致するとともに、地域の平和と安定に大きく寄与するものとなるとの共通の認識を確認した。

一、双方は、この宣言に示された精神及び基本原則に従い、国交正常化を早期に実現させるため、あらゆる努力を傾注することとし、そのために二〇〇二年一〇月中に日朝国交正常化交渉を再開することとした。

双方は、相互の信頼関係に基づき、国交正常化の実現に至る過程においても、日朝間に存在する諸問題に誠意をもって取り組む強い決意を表明した。

二、日本側は、過去の植民地支配によって、朝鮮の人々に多大の損害と苦痛を与えたという歴史の事実を謙虚に受け止め、痛切な反省と心からのお詫びの気持ちを表明した。

双方は、日本側が朝鮮民主主義人民共和国側に対して、国交正常化の後、双方が適切と考える期間にわたり、無償資金協力、低金利の長期借款供与及び国際機関を通じた人道主義的支援等の経済協力を実施し、また、民間経済活動を支援する見地から国際協力銀行等による融資、信用供与等が実施されることが、この宣言の精神に合致するとの基本認識の下、国交正常化交渉において、経済協力の具体的な規模と内容を誠実に協議することとした。

双方は、国交正常化を実現するにあたっては、一九四五年八月一五日以前に生じた事由に基づく両国及びその国民のすべての財産及び請求権を相互に放棄するとの基本原則に従い、国交正常化交渉においてこれを具体的に協議することとした。

双方は、在日朝鮮人の地位に関する問題及び文化財の問題については、国交正常化交渉において誠実に協議することとした。

三、双方は、国際法を遵守し、互いの安全を脅かす行動をとらないことを確認した。また、日本国民の生命と安全にかかわる懸案問題については、朝鮮民主主義人民共和国側は、日朝が不正常な関係にある中で生じたこのような遺憾な問題が今後再び生じることがないよう適切な措置をとることを確認した。

四、双方は、北東アジア地域の平和と安定を維持、強化するため、互いに協力していくことを確認した。

双方は、この地域の関係各国の間に、相互の信頼に基づく協力関係が構築されることの重要性を確認するとともに、この地域の関係国間の関係が正常化されるにつれ、地域の信頼醸成を図るための枠組みを整備していくことが重要であるとの認識を一にした。

双方は、朝鮮半島の核問題の包括的な解決のため、関連するすべての国際的合意を遵守することを確認した。また、双方は、核問題及びミサイル問題を含む安全保障上の諸問題に関し、関係諸国間の対話を促進し、問題解決を図ることの必要性を確認した。

朝鮮民主主義人民共和国側は、この宣言の精神に従い、ミサイル発射のモラトリアムを二〇〇三年以降も更に延長していく意向を表明した。

双方は、安全保障にかかわる問題について協議を行っていくこととした。

日本国総理大臣　小泉純一郎

朝鮮民主主義人民共和国国防委員会委員長　金正日

[6]「慰安婦」に関する国連勧告

（各条約機関における「慰安婦」問題関連部分の抜粋）

●自由権規約（市民的政治的権利に関する国際規約）委員会

最終所見　二〇〇八年（CCPR/C/JPN/CO/5）

22. 委員会は、当該締約国が第二次世界大戦中の「慰安婦」制度の責任をいまだ受け入れていないこと、加害者が訴追されていないこと、被害者に提供された補償は公的資金ではなく私的な寄付によってまかなわれており不十分であること、「慰安婦」問題に関する記述を含む歴史教科書がほとんどないこと、そして幾人かの政治家およびマスメディアが被害者の名誉を傷つけあるいはこの事件を否定し続けていることに、懸念をもって注目する。（第七、八条）

当該締約国は「慰安婦」制度について法的責任を受け入れ、大半の被害者に受け入れられかつ尊厳を回復するような方法で無条件に謝罪し、存命の加害者を訴追し、すべての生存者（survivors）に権利の問題として十分な補償をするための迅速かつ効果的な立法・行政上の措置をとり、この問題について生徒および一般公衆を教育し、被害者の名誉を傷つけあるいはこの事件を否定するいかなる企てをも反駁し制裁すべきである。

●社会権規約（経済的、社会的および文化的権利に関する国際規約）委員会

最終所見　二〇〇一年（E/C.12/1/Add.67）

26. 当委員会は、アジア女性基金による戦時中の「慰安婦」への補償の申し出に対して懸念を有している。この基金は民間資金を中心とし、対象となる女性にとって十分な補償とは考えられない。

53. 当委員会は、日本が「慰安婦」を代表する組織との間で、遅きに失しないうちに犠牲者の期待に添う補償方法について十分な協議を行うよう強く勧告する。

二〇一三年　C. 主な懸念事項および勧告

26. 委員会は、「慰安婦」が被った搾取が経済的、社会的及び文化的権利の享受及び補償の権利にもたらす長きにわたる否定的な影響に懸念を表明する（第三条、第一一条）。

委員会は、締約国に対し、搾取がもたらす長きにわたる影響に対処し、「慰安婦」が経済的、社会的及び文化的権利の享受を保障するためのあらゆる必要な措置をとることを勧告する。また、委員会は、締約国に対して、彼女らをおとしめるヘイトスピーチ及びその他の示威運動を防止するために、「慰安婦」が被った搾取について公衆を教育することを勧告する。

●女性差別撤廃委員会

最終所見　一九九四年（A/50/38）

633. 委員会は、日本の報告が他のアジアの諸国からの女性に対する性的搾取及び第二次世界大戦中の女性に対する性的搾取に関する問題を真剣に反映していないことにつき失望の意を表明した（以下略）。

635.（略）委員会は、また、日本政府に対し、これらの最近の問題及び戦争に関連する犯罪を取り扱うため具体的かつ効果的な措置をとること及びその措置につき次回の報告で委員会に報告することを勧奨する。

二〇〇三年（A/58/38）

361.（略）いわゆる「従軍慰安婦」の問題に関しては、第二回・三回報告の審議以前、以後にとられた措置について、締約国が提供した包括的な情報を評価しつつ、委員会は、この問題についての懸念が継続していることに留意する。

362.（略）委員会は、締約国がいわゆる「従軍慰安婦」問題を最終的に解決するための方策を見出す努力を行うことを勧告する。

二〇〇九年　(CEDAW/C/JPN/CO/6)　女性に対する暴力

37. 委員会は、「慰安婦」の状況について締約国がいくつかの措置をとったことには留意するが、第二次世界大戦中に被害を受けた「慰安婦」の状況について、締約国が永続的な解決を見出していないことを残念に思うとともに、学校の教科書からこの問題に関する記述が削除されたことに懸念を表明する。

38. 委員会は、「慰安婦」の状況について、被害者への補償、加害者処罰、公衆に対するこれらの犯罪に関する教育を含む、永続的な解決を見出す努力を締約国が緊急に行うべきとの勧告を改めて表明する。

●拷問禁止委員会

最終所見　二〇〇七年　(CAT/C/JPN/CO/1)

12. 【時効】委員会は拷問と虐待同然の行為に時効が適用可能であることを懸念する。委員会は拷問と虐待同然の行為に対する時効でこれらの犯罪の捜査、起訴そして処罰が妨げられるのではないかと懸念する。特に、委員会は、時効に関連する理由で、第二次世界大戦中に軍性奴隷被害者（いわゆる「慰安婦」）によって起こされた訴訟が棄却されたことを残念に思う。

　拷問と虐待を構成する行為は、拷問の企ておよび拷問に共謀するいかなるものの行為を含めて、時間の制限なしで、調査し、起訴し、罰することができるように、締約国は自国の時効に関する規則・規定を調査し、条約に基づく義務と一致させるべきである。

23. 委員会は、特に第二次世界大戦中の日本軍による性奴隷行為の生存者を含む性暴力の被害者への不十分な救済策と、性暴力やジェンダーに基づいた条約違反を防ぐために有効な教育その他の対策を取ることを怠っていることを懸念する。戦時虐待の生存者は締約国代表によって「不治の傷」を負ったと認められてはいても、締約国による事実の否定、事実の隠蔽や不開示、拷問行為に刑事責任を負うものの不起訴、および被害者と生存者に適切なリハビリテーションを提供しないことなどによって、虐待や再度の心的外傷を継続的に経験している。

　委員会は、教育（条約第一〇条）および救済策（条約第一四条）の両方がそれ自身、条約に基づく締約国の義務であり、さらなる侵害を予防する手段であると考える。繰り返される公式否認、不起訴、および適切なリハビリテーションを提供しないことなどすべてが、教育や救済策を通じて拷問と虐待を防ぐという条約に基づく義務についての日本の不履行を構成している。委員会は、締約国が性別とジェンダーに基づく差別の根源に取り組む教育を実施するための手段を取り、不処罰防止手段を含む被害者のリハビリテーションの手段を提供するように勧告する。

二〇一三年

19. 第二次世界大戦中の日本軍性奴隷制の慣行の被害者、いわゆる「慰安婦」に対して行われた虐待を認めるためにとられた諸手段に関して日本政府から提供された情報にもかかわらず、委員会はこの問題に対処するに当たり、締約国が、特に以下について本条約に基づく責務を果たすのを怠っていることに、深い懸念を持ち続けている（条約第一条、第二条、第四条、第一〇条、第一四条、一六条）。

(a)適正な救済とリハビリテーションを被害者に提供するのを怠った

こと。委員会は、公的資金ではなく民間の募金による財政で賄った賠償が、不十分かつ不適切であったことを遺憾とする。
(b)拷問のこのような行為の加害者を訴追し、裁きの場に立たせて刑を受けさせるのを怠ったこと。委員会は、拷問の効果が本質的に継続的である点に鑑み、被害者が受けるべき救済、賠償、リハビリテーションを奪うため、時効は適用されるべきでないことを想起する。
(c)関連の諸事実および資料の隠ぺい、または公開を怠ったこと
(d)複数の国会議員を含む国および地方の、高い地位の公人や政治家による、事実の公的な否定や被害者に再び心的外傷を負わせることが継続していること
(e)とりわけ歴史教科書でこの問題に関する記述が減少していることにみられるように、ジェンダーに基づく条約違反を防止するための効果的な教育的施策を実施するのを怠ったこと
(f)本委員会の勧告や、その他の多くの国連人権機関、とりわけ自由権規約委員会、女性差別撤廃委員会、社会権規約委員会、人権理事会から委任を受けた複数の特別手続などによる諸勧告と類似のものであるところの、この問題に関連してUPR（国連「普遍的定期的審査」）の文脈でなされた複数の勧告を、締約国が拒絶（A/HRC/22/14/Add.1, paras.147.145 et seq.）していること。

　本委員会一般勧告第三号を想起しつつ、本委員会は締約国に対し、即時かつ効果的な立法的および行政的措置をとり、「慰安婦」の諸問題について被害者中心の解決策をとるよう強く求める。特に
(a)性奴隷制の諸犯罪について法的責任を公に認め、加害者を訴追し、適切な刑をもって処罰すること
(b)政府当局者や公的な人物による事実の否定、およびそのような繰り返される否定によって被害者に再び心的外傷を与える動きに反駁すること
(c)関連する資料を公開し、事実を徹底的に調査すること
(d)被害者の救済を受ける権利を確認し、それに基づき、賠償、満足、できる限り十分なリハビリテーションを行うための手段を含む十全で効果的な救済と補償を行うこと
(e)本条約の下での締約国の責務に対するさらなる侵害がなされないよう予防する手段として、この問題について公衆を教育し、あらゆる歴史教科書にこれらの事件を含めること。

（wam http://wam-peace.org/ianfu-mondai/intl/un/ より）

[7]「慰安婦」に関する各国の決議

●アメリカ合衆国下院が可決した「慰安婦」決議（二〇〇七年七月三一日　アメリカ合衆国下院一二一号決議）

ラントス下院外交委員長（カリフォルニア選出）ロス・レティネン議員（フロリダ選出）の修正案を反映した下院第一二一号決議案

　日本政府は一九三〇年代から第二次世界大戦までの期間、「慰安婦」と言われる若い女性たちを帝国軍への性的サービス目的のため動員することを正式に委任した。日本政府による強制軍隊売春制度である「慰安婦」は、集団強姦・強制流産・恥辱・身体切断・死亡・自殺を招いた性的暴行等の残虐性や規模面においても、前例のない二〇世紀最大の人身売買の一つだ。

　日本の学校で採用されている新しい教科書は、こうした慰安婦の悲劇や第二次世界大戦中の日本による他の戦争犯罪を過小化しよう

としている。

日本の公共・民間の関係者は、最近の慰安婦の苦痛に対する政府の真摯な謝罪を含む河野洋平官房長官による一九九三年の「慰安婦関連談話」を希釈または撤回しようとしている。

日本政府は一九二一年に「婦人及児童ノ売買禁止ニ関スル国際条約」に署名し、二〇〇〇年には武力紛争が女性に及ぼす影響についての国連安保理決議「女性、平和及び安全保障に関する決議第一三二五号」を支持している。

下院は人間の安全と人権・民主的価値・法の統治および安保理決議第一三二五号に対する支持など、日本の努力を称える。

米日同盟はアジアと太平洋地域で米国の安保利益の礎で、地域安定と繁栄の根本だ。

冷戦後、戦略的な環境は変化したが、米日同盟はアジア太平洋地域で政治・経済的な自由、人権、民主的制度に対する支持、両国国民と国際社会の繁栄確保をはじめ共同の核心利益と価値に根ざしている。

下院は日本の官僚や民間人らの努力により一九九五年、民間レベルの「女性のためのアジア平和国民基金」が設立されたことを称える。同基金は五七〇万ドル（約七億円）を集め、日本人たちの贖罪の意識を慰安婦に伝えた後、二〇〇七年三月三一日に活動を終了した。以下は米下院の共通した意見だ。

一．日本政府は一九三〇年代から第二次世界大戦前に至るまで、アジア諸国や太平洋の島々を植民地化したり、戦時に占領した過程において、日本帝国主義軍が強制的に若い女性たちを「慰安婦」と言われる性の奴隷にしたことを、事実として明確な態度で公式に認め、謝罪し、歴史的な責任を取らなければならない。

二．日本の首相が公式声明を通じ謝罪するなら、先に発表した声明の信ぴょう性と水準に対し繰り返し唱えられる疑惑を解消する一助となるだろう。

三．日本政府は日本軍が慰安婦を性の奴隷にし、「人身売買した事実は絶対にない」といういかなる主張に対しても、明確かつ公式に反論しなければならない。

四．日本政府は国際社会が提示した慰安婦勧告に基づき、今の世代と将来の世代を対象に、残酷な犯罪について教育しなければならない。（『朝鮮日報』日本語版による訳。戦争責任ドットコム http://space.geocities.jp/ml1alt2/data/data5/data5-09.htm#01 より）

●「慰安婦」に関する欧州議会の決議（二〇〇七年一二月一三日）

欧州議会は、

二〇〇七年をもって迎える奴隷貿易廃止二〇〇周年を尊重し、

日本も署名した婦人及児童の売買禁止に関する国際条約（一九二一）を尊重し、

日本が批准したＩＬＯ強制労働禁止条約二九号条約（一九三〇）を尊重し、

女性と平和及び安全保障に関する国際連合安全保障理事会決議一三二五（二〇〇〇）を尊重し、

武力紛争時の組織的なレイプ、性奴隷制と類似の慣行に関する国連特別報告者ゲイ・マクドゥーガルによる報告（一九九八年六月二二日）を尊重し、

第三八回国連拷問禁止委員会（二〇〇七年五月九日、一〇日）の結論と勧告を尊重し、

ハーグの日本占領下オランダ領東インドにおけるオランダ人女性

に対する強制売春に関するオランダ政府文書調査報告（二〇〇四）を尊重し、
二〇〇七年七月三〇日に採択された米国議会の決議と、二〇〇七年一一月二九日に採択されたカナダ議会の決議を尊重し、
手続き規則の規則一一五を尊重し、
A．一九三〇年代から第二次世界大戦終了までのアジアと太平洋諸島の植民地及び戦時占領地において、日本政府はIanfuないしは〝慰安婦〟として世界に知られることとなる若い女性たちを帝国軍の性奴隷にするためだけの目的で公務として徴用し、
B．〝慰安婦〟制度は輪姦、強制堕胎、屈辱及び性暴力を含み、障害、死や自殺を結果し、二〇世紀の人身売買の最も大きなケースのひとつであり、
C．日本の裁判所に持ち込まれた多数の〝慰安婦〟訴訟では、皇軍の直接・間接の関与を裁判所が認めながらも、原告による補償請求はその全てにおいて却下に終わり、
D．〝慰安婦〟制度の被害者のほとんどはすでに故人であり、生存者は八〇歳以上であり、
E．この数年の間に、多数の日本政府の高官や公人が〝慰安婦〟制度に関する謝罪の声明を発表した一方、日本の公人の幾人かはそれらの声明を希薄化したり無効化させようという遺憾な願望を最近になって表明し、
F．日本政府はその性奴隷制度の全貌をすべて明らかにしたことはなく、日本の学校で使用される教科書は、〝慰安婦〟の悲劇やその他の第二次世界大戦中の日本の戦争犯罪を最小化しようと試み、
G．政府によって開始された民間財団であり、〝慰安婦〟の虐待と痛みを償うためのプログラムやプロジェクトを実施する役割を持つアジア女性基金の権限は、二〇〇七年三月三一日をもって終了し、
一．多党制民主主義、法の支配、人権の尊重などの価値を相互共有することに基づく欧州連合と日本の間のすばらしい関係を歓迎し：
二．第二次世界大戦中の〝慰安婦〟制度の被害者である女性たちと連帯することを表明し：
三．一九九三年の河野洋平内閣官房長官並びに一九九四年の村山富市首相による〝慰安婦〟に関する声明、また一九九五年と二〇〇五年の〝慰安婦〟制度の被害者を含む戦時被害者に対する謝罪を表明した日本の国会の決議を歓迎し：
四．日本政府によって一九九五年によって設立され、今は解散している、そのほとんどの資金が政府によるものである民間財団であるアジア女性基金が、〝償い金〟を数百人の〝慰安婦〟に配ったことを歓迎するが、しかしこの人道的措置は被害者たちの法的な認知と、公的な国際法による賠償への請求を満たすものではないとする女性に対する暴力に関する国連特別報告者ゲイ・マクドゥーガルが一九九八年の報告で述べた内容を考慮し：
五．一九三〇年代から第二次世界大戦終了までのアジアと太平洋諸島の植民地及び戦時占領地において、世界に〝慰安婦〟として知られる、〝皇軍による〟若い女性を強制的に性的奴隷状態においた行為を、日本政府は明確かつあいまいなところのないやり方で、公式に認知、謝罪、そして歴史的、法的な責任を受け入れることを勧告し：
六．生存している全ての〝慰安婦〟制度の被害者及び死亡した被害者の家族に対する賠償を行うための効果的な行政機構を日本政府が設置すべきことを勧告し：
七．日本の国会は、日本の裁判所が賠償命令を下すための障害を取り除くべく法的措置を講じることを勧告し、特に個人が政府に賠償

を求める権利は国内法において至急実現されるべきであり、国際法で犯罪である性奴隷制の生存者に対する賠償請求裁判は、生存者の年齢を考慮すれば優先されるべきであり；

八．日本政府は、〝慰安婦〟を服従させ隷属させたことは一度もなかった、といった意見に対して公的に反論することを勧告し、

九．日本の人々と政府に対して、全国家の道徳的義務であるので自国の歴史を全て認識すること、そして〝慰安婦〟に関連することを含め一九三〇年代から一九四〇年代にかけての日本の行為を認識するために、さらなるステップを踏むことを奨励し、日本政府にこれらの事例を現在及び未来の世代に教育することを勧告し；

一〇．欧州議会議長に、この決議を日本政府と議会、国連人権委員会、ＡＳＥＡＮ諸国の政府、朝鮮民主主義人民共和国、大韓民国、中華人民共和国、台湾、東ティモール民主共和国、及び欧州理事会、欧州委員会とＥＵ加盟国に送付するように指示する。

（大阪ＡＡＬＡ http://homepage2.nifty.com/osakaaala/sab7ianfuby0gikaiketugi.htm）

●韓国国会の「慰安婦」決議（二〇〇八年一〇月二七日）
（http://wam-peace.org/ianfu-mondai/intl/resol/rok2008102/）

●慰安婦に関する台湾立法院の決議（二〇〇八年一一月五日）
（http://wam-peace.org/ianfu-mondai/intl/resol/taiwan2008110/）

●フィリピン下院外交委員会の「慰安婦」決議（二〇〇八年三月一一日）
（http://space.geocities.jp/ml1alt2/data/data5/data5-09.htm#06）

●オランダ下院が可決した「慰安婦」動議（二〇〇七年一一月八日）
（http://wam-peace.org/ianfu-mondai/intl/resol/ned2007110/）

●カナダ下院が可決した「慰安婦」動議（二〇〇七年一一月二八日）
（http://wam-peace.org/ianfu-mondai/intl/resol/can2007112/）

執筆者（50音順）　＊は編集委員

＊石山久男（いしやま・ひさお）	歴史教育者協議会 前委員長
＊大野一夫（おおの・かずお）	歴史教育者協議会 前事務局長
笠原十九司（かさはら・とくし）	都留文科大学 名誉教授
君島和彦（きみじま・かずひこ）	東京学芸大学 名誉教授
小堀俊夫（こぼり・としお）	東洋大学 講師
鈴木敏夫（すずき・としお）	元都立高校教員
田中行義（たなか・ゆきよし）	歴史教育者協議会 常任委員
平井美津子（ひらい・みつこ）	子どもと教科書大阪ネット21 事務局長
本庄十喜（ほんじょう・とき）	北海道教育大学 講師
丸浜昭（まるはま・あきら）	歴史教育者協議会 事務局長

編者　一般社団法人 歴史教育者協議会（略称　歴教協）
戦前の教育への反省の中から1949年に結成され，以来一貫して日本国憲法の理念を踏まえた科学的な歴史教育・社会科教育の確立をめざし，その実践と研究・普及活動を積み重ねてきた。全国に会員と支部組織をもち，授業づくりの研究をはじめ，地域の歴史の掘り起こしやさまざまな歴史教育運動にもとりくむ。機関誌『歴史地理教育』を発行し，毎年夏には全国大会を開催している。2011年4月より一般社団法人に移行した。

事務局
〒170-0005　東京都豊島区南大塚2-13-8　千成ビル
TEL 03-3947-5701　FAX 03-3947-5790
ホームページ　http://www.jca.apc.org/rekkyo/

装幀・デザイン　藤本孝明＋如月舎
DTP　編集工房一生社

すっきり！わかる　歴史認識の争点Q＆A

2014年5月23日　第1刷発行　　定価はカバーに
2015年1月23日　第3刷発行　　表示してあります

編　者　　歴史教育者協議会

発行者　　中　川　　進

〒113-0033　東京都文京区本郷2-11-9

発行所　株式会社　大　月　書　店　　印刷　三晃印刷
製本　中永製本

電話（代表）03-3813-4651　FAX 03-3813-4656　振替00130-7-16387
http://www.otsukishoten.co.jp/

ISBN978-4-272-52101-2 C0021　Printed in Japan